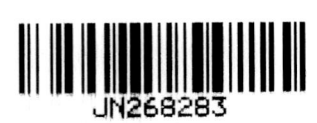

身近な材料がカラフルに変身!!

ドドーンと花火（p30）

ポカットくん（p10）

ぴよよん人形（p23）

上・クルクルかざり（p7）
下・ぼんぼん玉（p34）

キューブなかざり（p54）

バタバタうさぎ（p20）

点線お絵かき（p71）

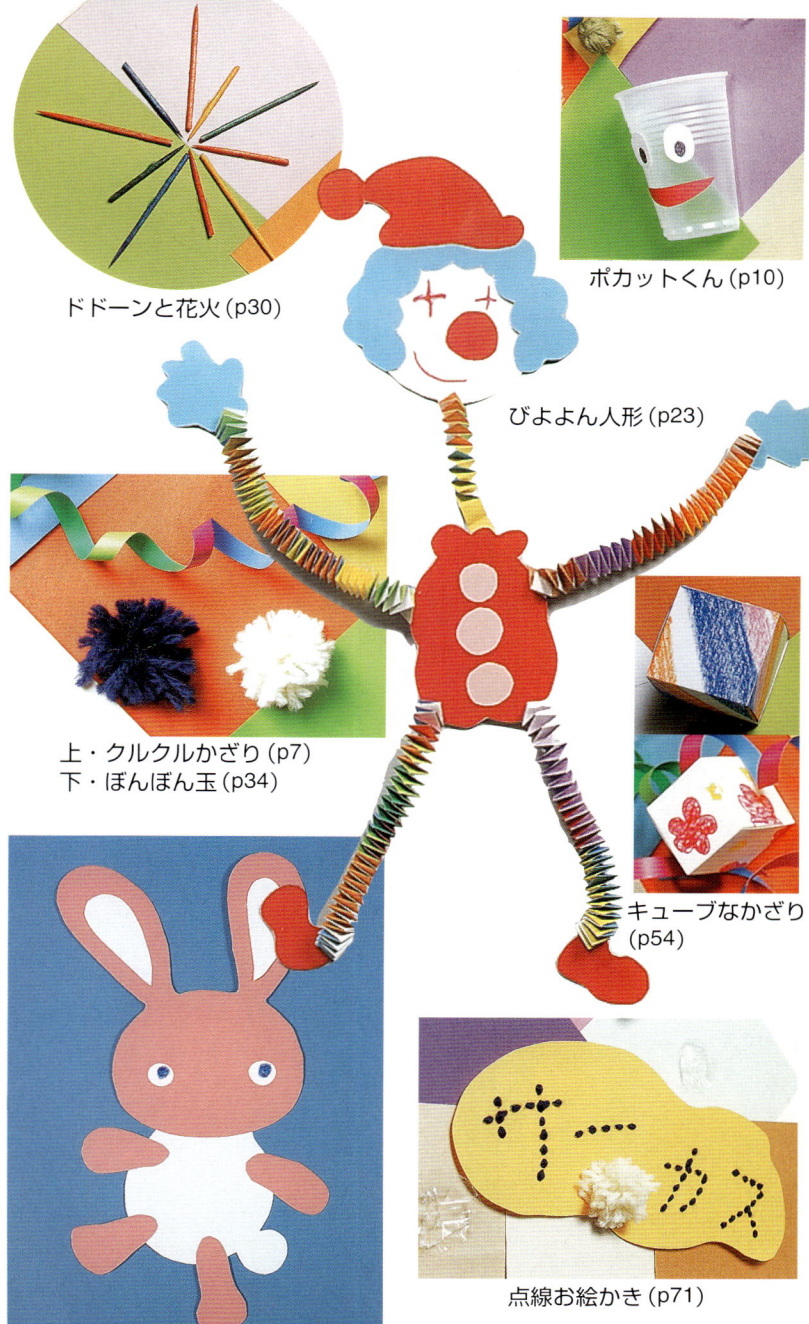

いろいろなアイデアを組み合わせて世界にたった1つの壁面飾りをつくりましょう

サーカス

観るだけでなく、さわって、動かして

点線お絵かき（p71）

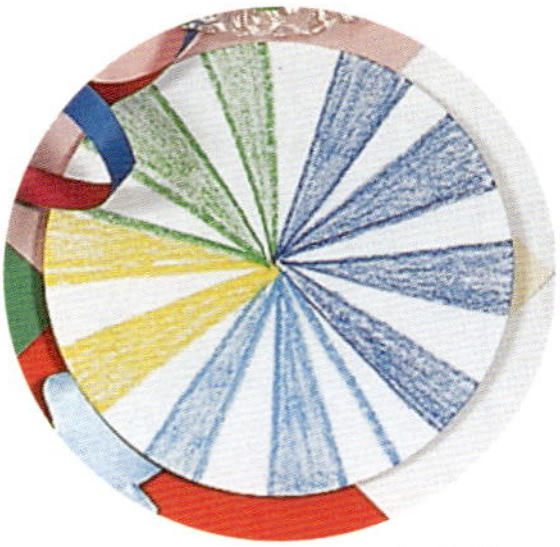

まわしてまわして（p60）

ぷちぷち雲（p81）

クシャッでキラリ（p48）

ちっちゃな毛玉（p68）

おっきな丸ちっちゃな丸（p76）

さらさら流れ（p55）

すぐできる!

クイック壁面工作アイデアBOOK

後藤阿澄 著

いかだ社

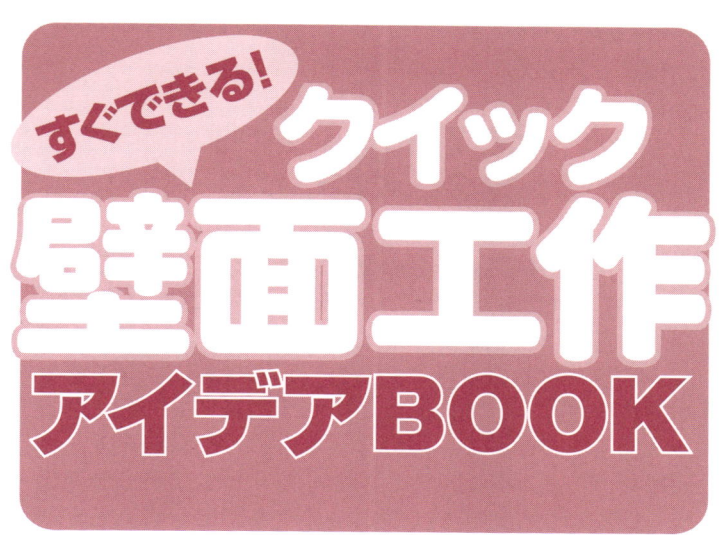

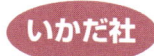

はじめに

どこでも、いつでも、たのしく、ラクに

毎日私たちはたくさんのモノに囲まれて生活しています。ふだん何気なく使っているモノ、見ているモノでも、視点をちょっとずらすだけで「作品」になってしまいます。きれいなものを作る必要も、完璧なものを作る必要もありません。いつでもどこでも手に入るものを、ちょっと加工するだけで、意外な「かたち」になります。装飾ということばを聞くと、何やらむずかしい飾りを連想してしまいがちですが、ひとつの絵を壁にかけても、それは壁面を「装飾」したことになります。

大きな壁面を見て、あわてることはありません。何かすごい装飾をしなくては、と意気込む必要もありません。逆に、小さな壁面を見て、落ち込むことはありません。小さいところは小さいなりに、すてきな飾りができるものです。

また「壁」にこだわる必要もありません。ここがいいなぁと思ったら、そこがいちばん最適な場所になります。楽に、楽しく作ってみましょう。作る過程を楽しむことがいちばん大切なことなのです。子どもたちと、友だちと、同僚と、みんなでわいわい言いながらアイデアを出し合い、作ってみることをお勧めします。

この本はいろんなアイデアを凝縮しています。しかし、この本だけがアイデアのすべてではありません。「私なら、もっとこうする……」とか、「こうしたほうがもっとよくなる……」など、この本を見て工夫するきっかけになればよいと思っています。あなたのアイデアで、どんどんすてきに作って、飾ってください。あなたのアイデアが、この本の２倍３倍にもなることを願っています。あなたのまわりが笑顔いっぱいになりますように。

2004年２月　　　　　　　　　　後藤阿澄

目次

輪ゴムで

ビョーンかざり

動く！

輪ゴムをつないでいく

クリップを差し込めば、小さな
パーツをぶら下げることができる

カラー輪ゴムを使うとカラフル！

一重つなぎ

二重つなぎ

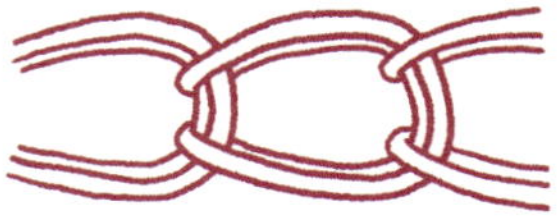

紙テープで
クルクルかざり

カラフル模様に！

紙テープをよって、両端をとめる

キツキツではなく、ゆったりと

バリエーション 連続模様もできる

短いものを
連ねてとめる

毛糸で
毛糸玉

たれかざりに！

毛糸の途中にいくつも玉結びをつくる

何本かまとめてたばねたり
いろいろな色の毛糸を
混ぜてみたり

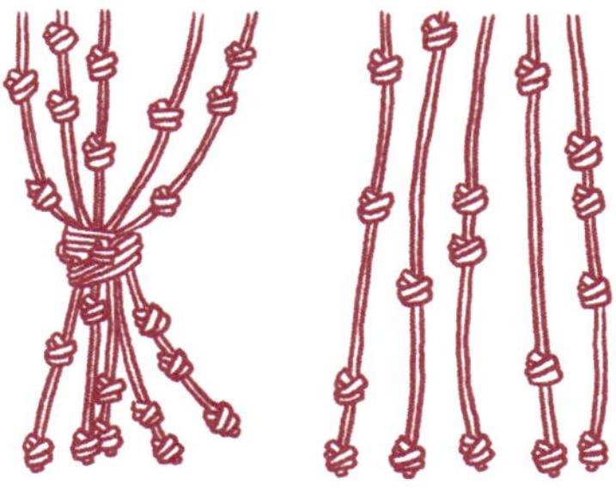

紙コップで

コップでらせん

たれかざりに！

ハサミでらせん状に切っていく

底は不要

太くても細くても

コップに模様を
描いてから切っても

バリエーション

卵パックでも

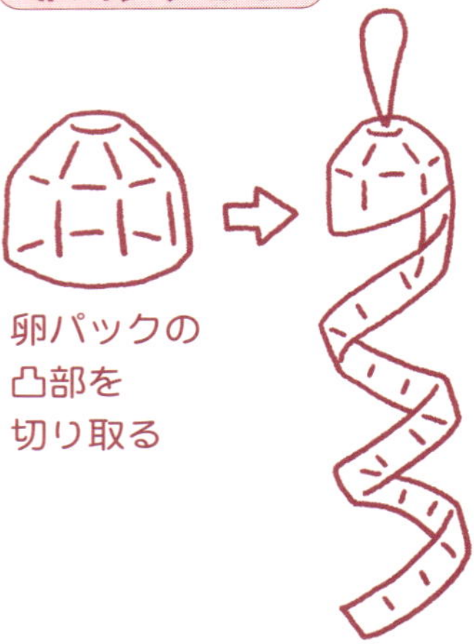

卵パックの
凸部を
切り取る

紙コップで

ちょっと入れ皿

台座に！

紙コップの底の部分を切り取る

紙コップの底

軽いものを
入れられる

画鋲などでとめる

プラスチックの
コップを使ってもきれい

バリエーション　ふちの加工（切り込み，ギザギザ）

切り込みを入れて
広げたり

ふちをギザギザに
切ったり

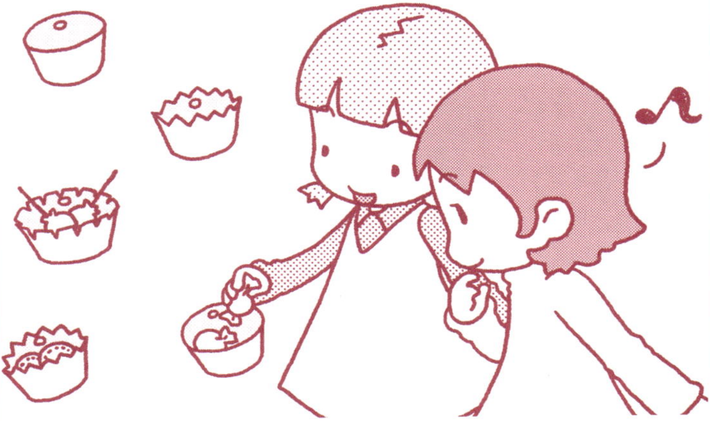

紙コップで

ポカットくん

キャラクターに！

コップの下のほうに切り込みを入れて広げる

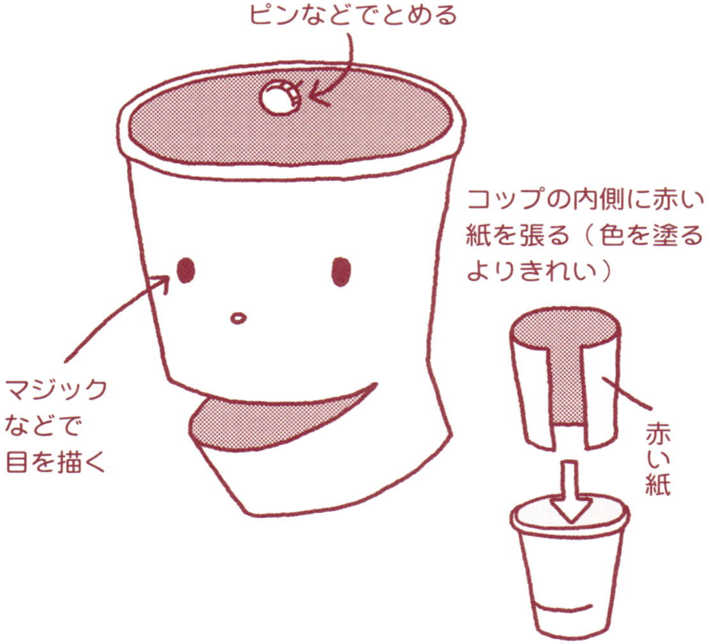
ピンなどでとめる
コップの内側に赤い紙を張る（色を塗るよりきれい）
赤い紙
マジックなどで目を描く

バリエーション 1

ちょっとプラスして

両側に耳を張りつけたり、
鼻をつけたり

バリエーション 2

動物もできる

別紙で耳をつくり、
コップのふちに
はり付ける

子どもたちの手形で

みんなの手

カラフル模様に！

手形を集めて模様をつくる

子どもたちの手に絵の具を
塗って、画用紙に手形をおす

乾いたら手形を
切り抜く

たくさんはり重ねて
模様をつくる

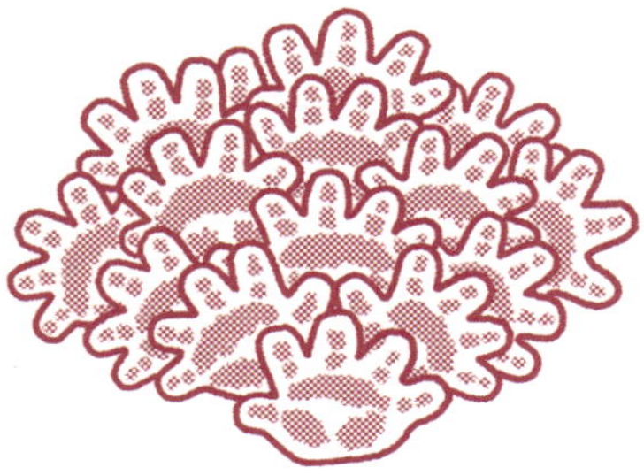

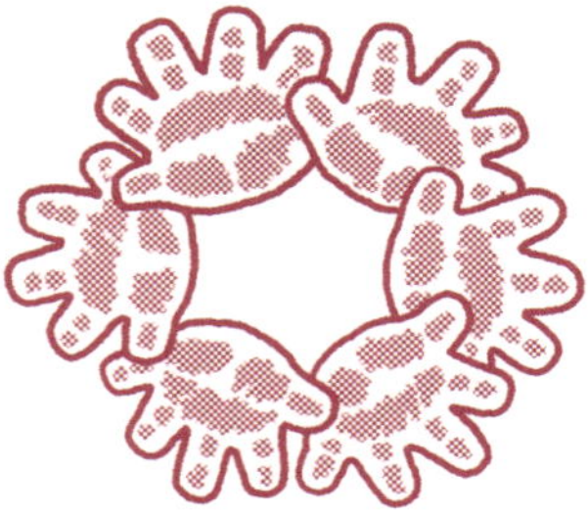

バリエーション 1

画材の変化

クレヨンやマジックで
縁取ったり

その中を別色の絵の具
で塗りつぶしたり

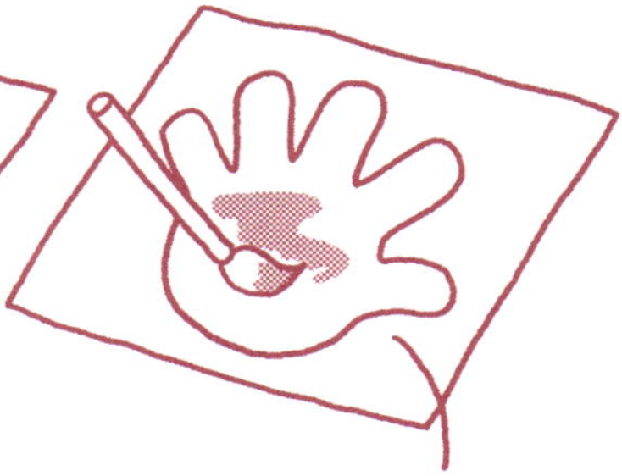

バリエーション 2

足形も

裸足になって足形を
とったり

画用紙で

ブランくん

キャラクターに！

身の回りの円い形をかたどり、切り抜く

ビンや缶、
コップなど

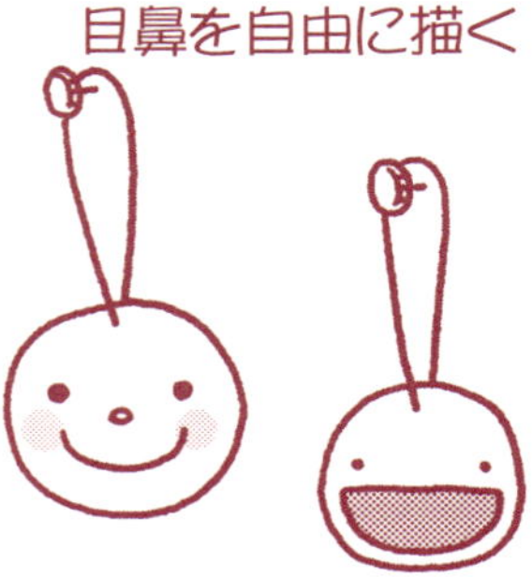
目鼻を自由に描く

糸をとおしてぶらさげる

段ボールで

カタカタ面

背景（海・山）に！

デコボコを利用して

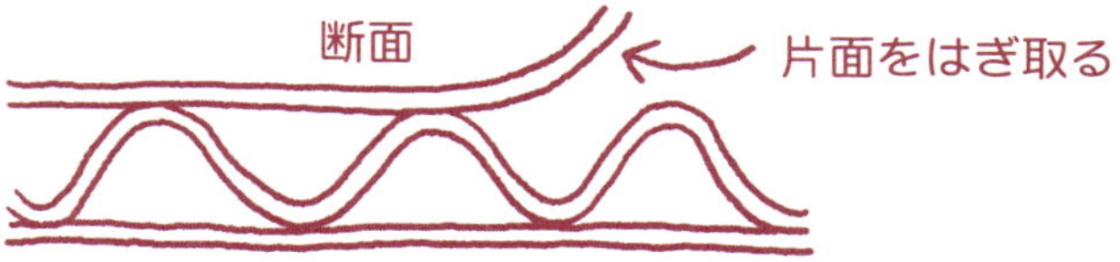

段々の連続がおもしろい
明暗の調子をつくる

山とか海とか、バックの
部分に最適

色紙で

くるっと貝

パーツに！

二つ折りにして切り込みを入れる

くるっと巻いて
対角線をノリやホチキス
でとめる

画鋲で

ぐるりん目玉 キャラクターに!

画鋲の頭を黒く塗って

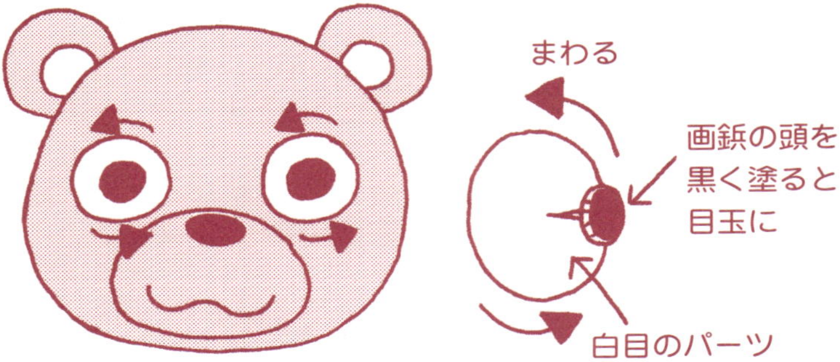

バリエーション　キョロキョロ目玉

画鋲を黒目の中心からずらす

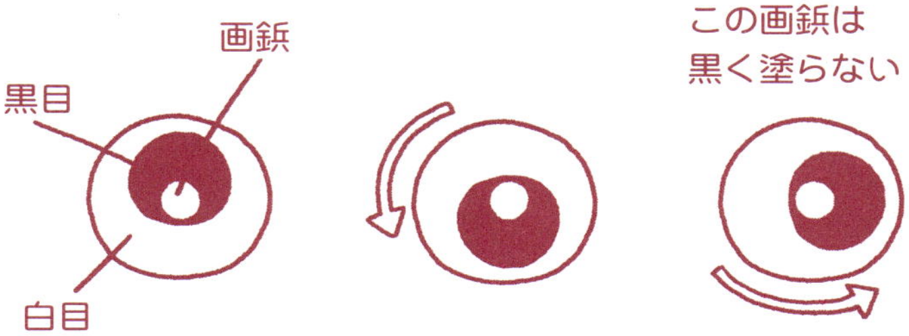

まわすと表情が変わる

腰のある紙で

ビョンビョンわっか

腰のある紙を細長く切る

動く！

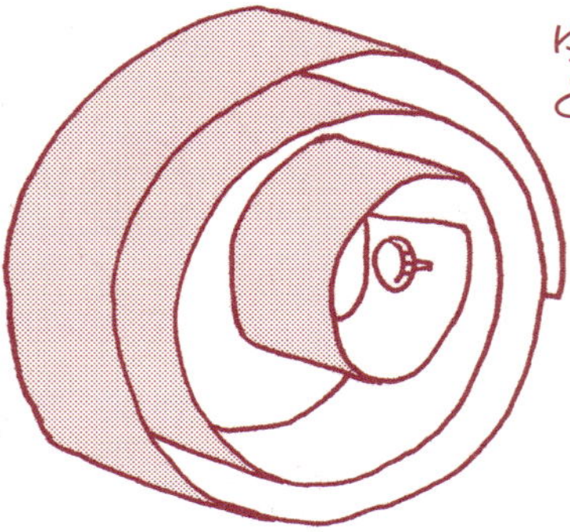

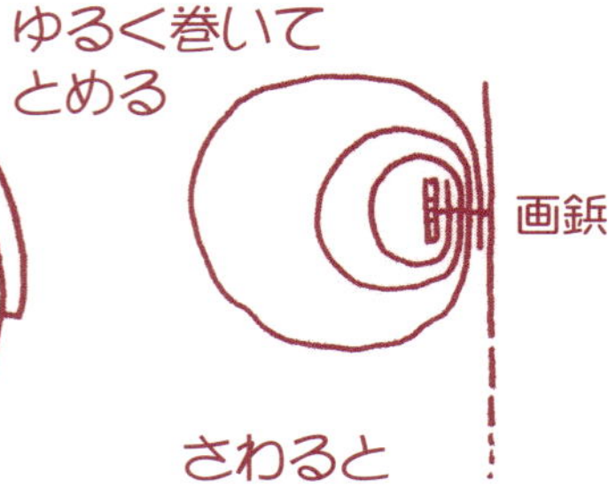
ゆるく巻いて
とめる
画鋲

さわると
ビョンビョン

バリエーション ぐるぐるかざり

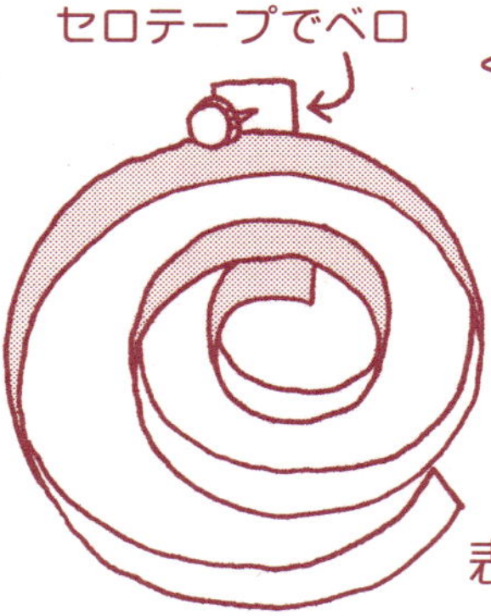
セロテープでベロ

くるくるとクセをつけて

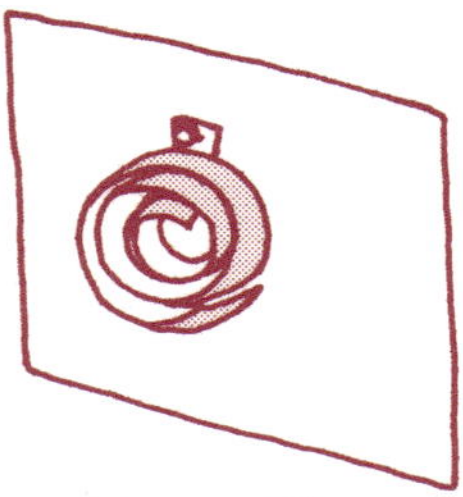

表と裏の色をちがえてもきれい

スーパーのトレイで

ふっくらサカナキャラクターに！

スチロールのトレイの底に絵を描く

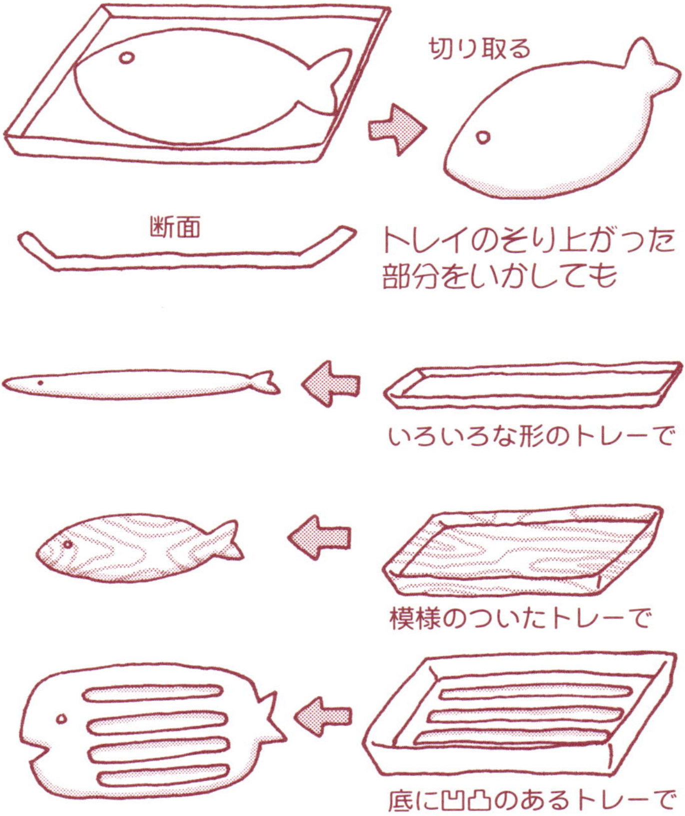
切り取る
断面
トレイのそり上がった部分をいかしても
いろいろな形のトレーで
模様のついたトレーで
底に凹凸のあるトレーで

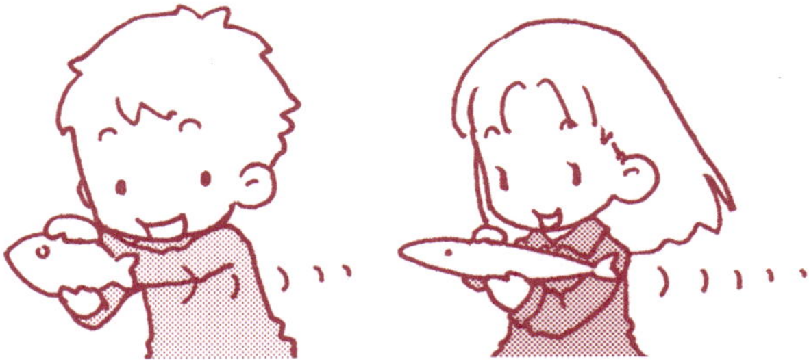

厚紙で

バタバタうさぎ

キャラクターに！

からだのパーツを画鋲でとめる

自由に動かすことができる

画用紙で

およげ！ こいのぼり

「ひらき」の形で描く

キャラクターに！

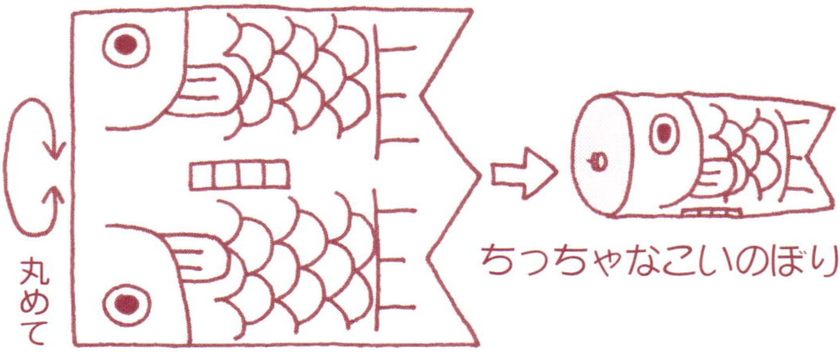

ちっちゃなこいのぼり

太った
こいのぼりも

細長い
こいのぼりも

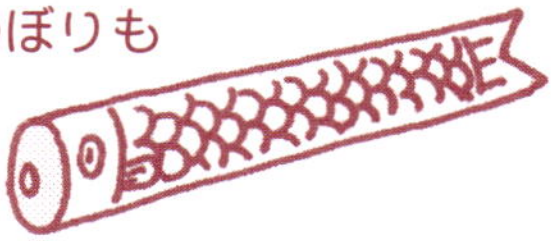

紙テープで

ちょっと紙リボン

パーツに!

紙テープでパーツをつくる

表・裏違う色に
するときれい

のりで
はり合わせる

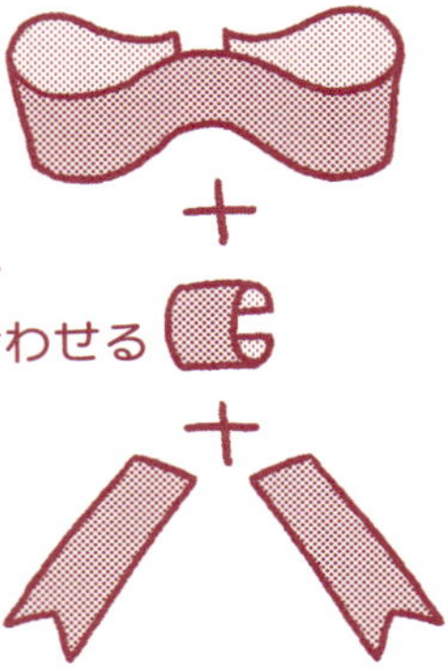

画用紙で

立体タイトル①

パーツに!

細長い紙の両端を丸めてとめる

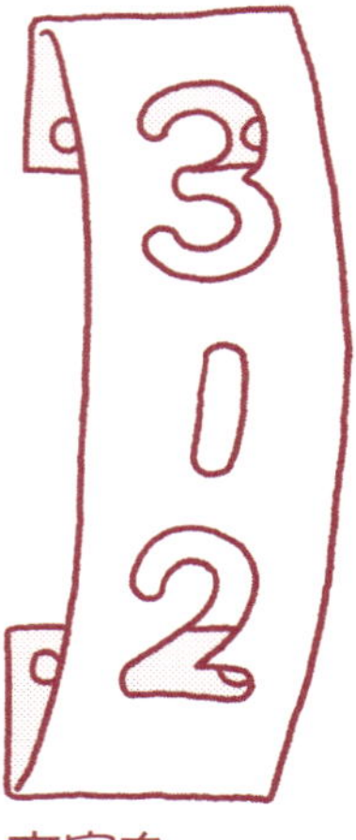

文字を
切り抜いても

紙テープで

びよよん人形

動く!

紙テープを織り込んでジャバラをつくる

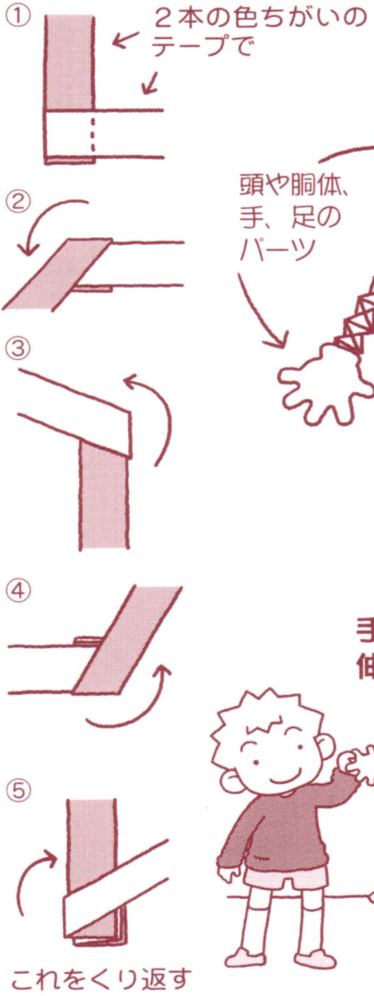
①
２本の色ちがいのテープで
②
③
④
⑤
これをくり返す

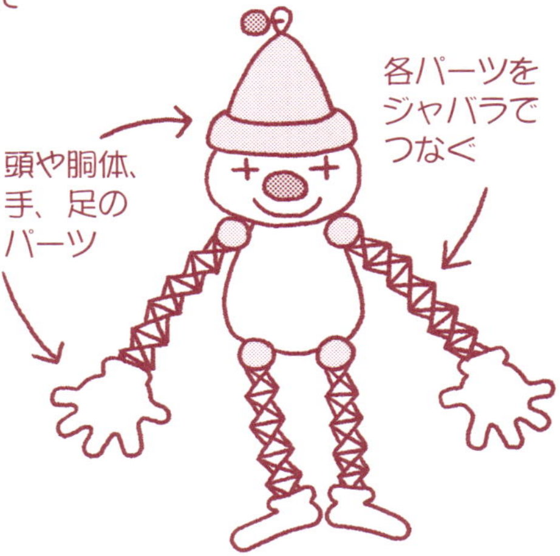
頭や胴体、手、足のパーツ
各パーツをジャバラでつなぐ

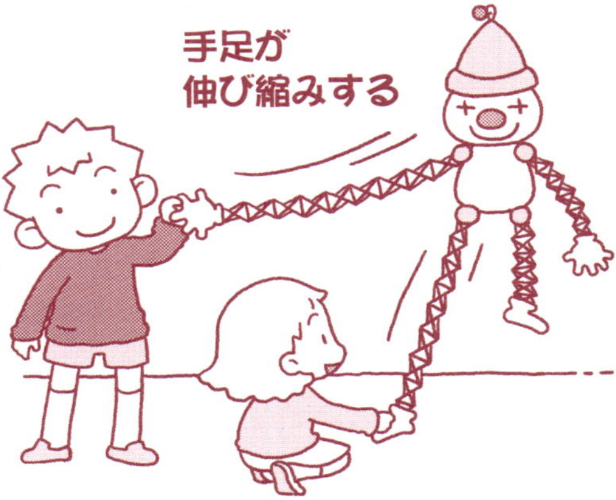
手足が伸び縮みする

牛乳パックで

立体しきり

台座に！

牛乳パックを輪切りにする

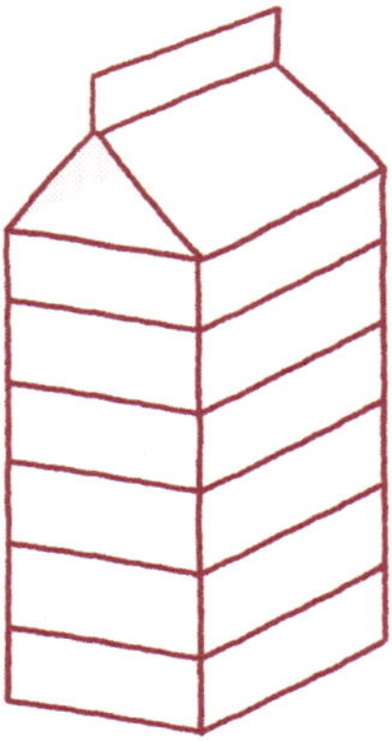

輪切り

セロテープやホチキスでつなぐ

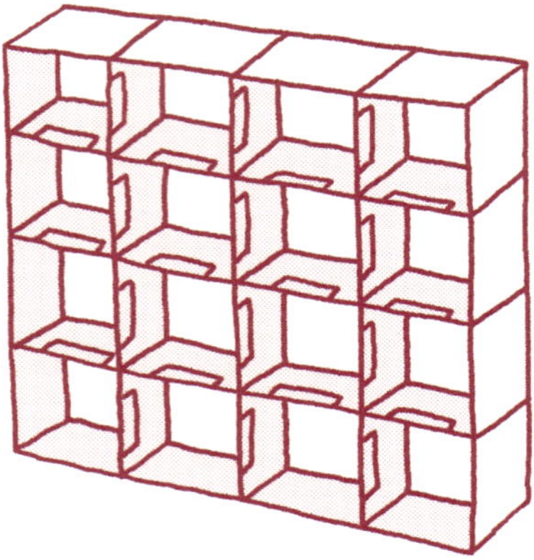

奥に写真をはれば多重写真スタンドに

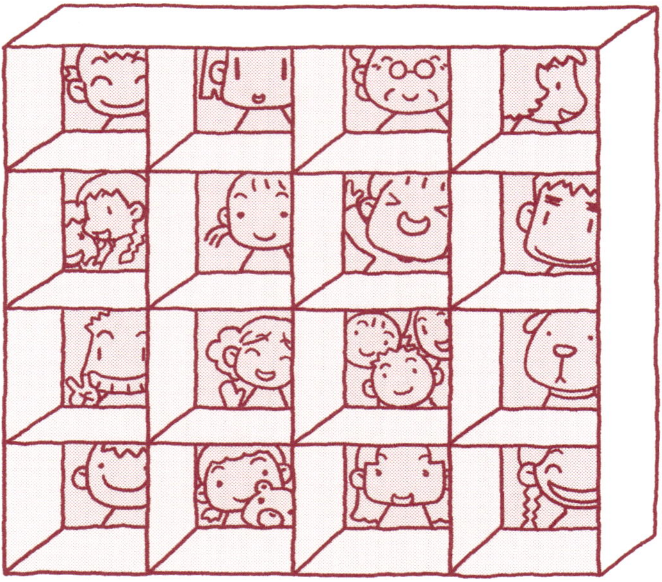

ビルの窓に見立てて

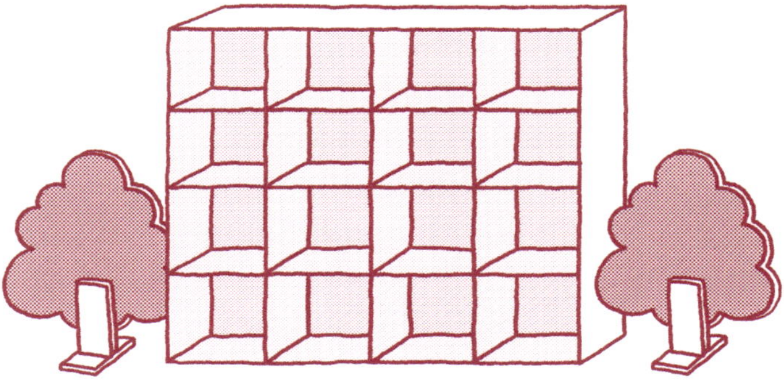

菱形にもなる

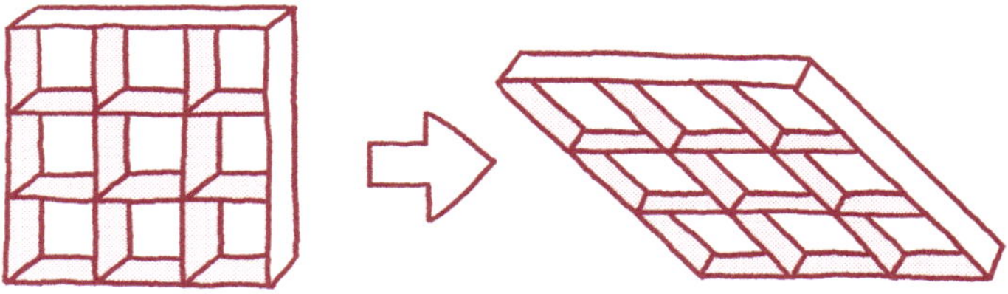

色紙で

ジャバラちょうちょ

パーツに！

真ん中をとめる

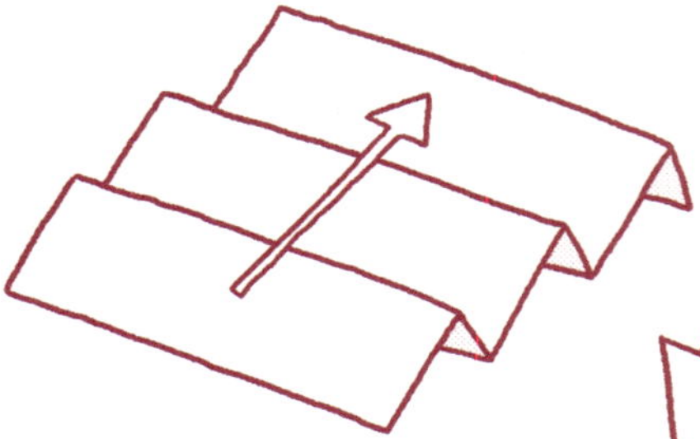

山谷に折っていく

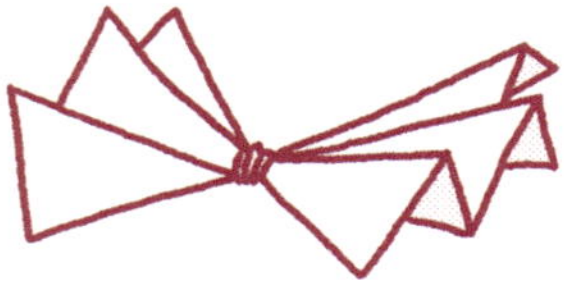

糸などでとめる

服のボタンで

ボタンかざり

たれかざりに！

いくつも連ねる

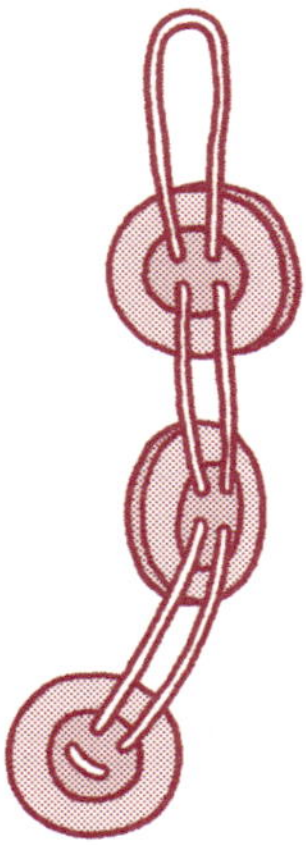

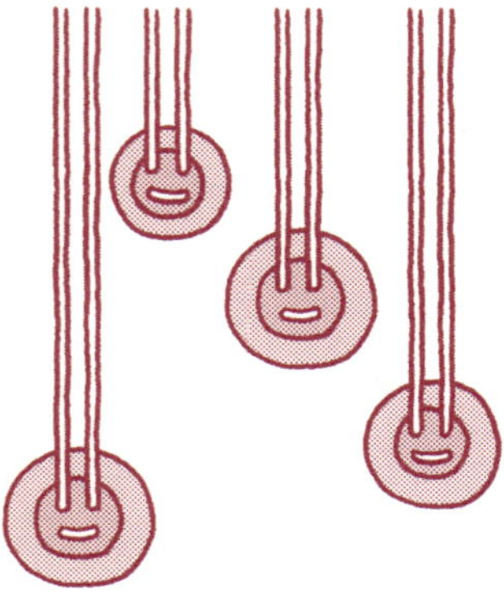

1つずつぶら下げても

ペットボトルで

透明入れ皿

台座に！

ペットボトルの底を切り取る

ボトルの容量によって
いろいろな大きさが

四角いボトルでも

切り口を丸く
しておく

バリエーション　でこぼこ円盤

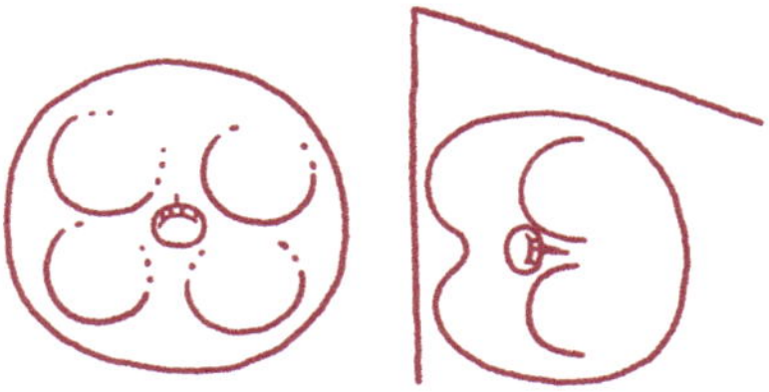

底を表向きに
とめてもおもしろい

ストローで

ストロー仕切り

動く！

ストローをいろいろな長さに切る

糸にとおして両端をとめる

いろいろな色や
太さのストローを
まぜても

左右に動かせる
ボタンなどをはさんでも

葉っぱで

こすって葉っぱ

カラフル模様に！

紙をかぶせて、いろいろな
画材でこする

ざっくり切り抜く

たくさんはり重ねて
大きな木をつくろう

バリエーション　身のまわりのもので

扇風機のガードの部分や
テーブルの木目、
網戸や畳など

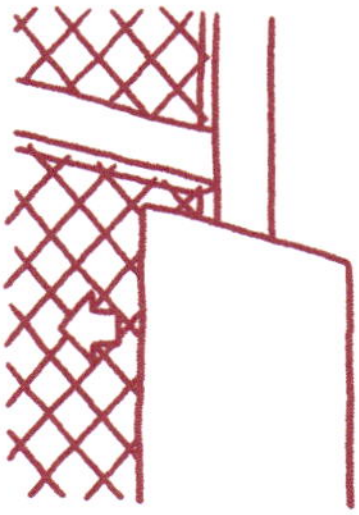

つまようじで

ドドーンと花火

カラフル模様に！

上下をカット

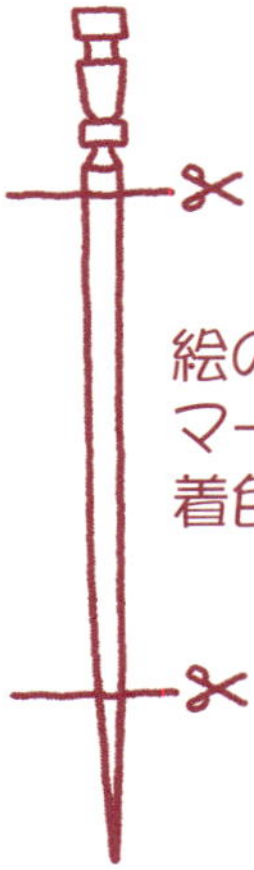

絵の具やマーカーで着色

長さや色をかえてのりではる

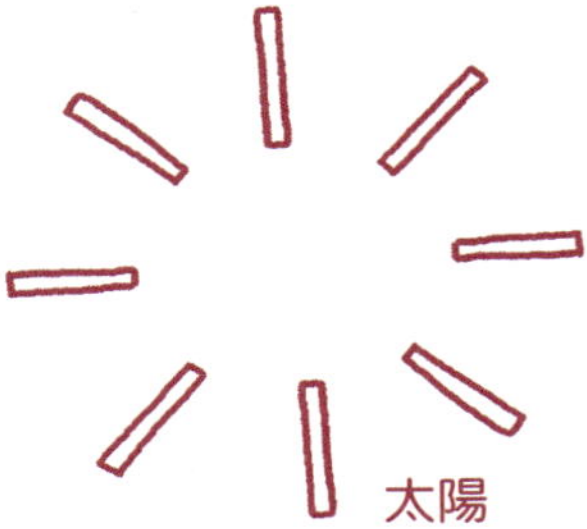

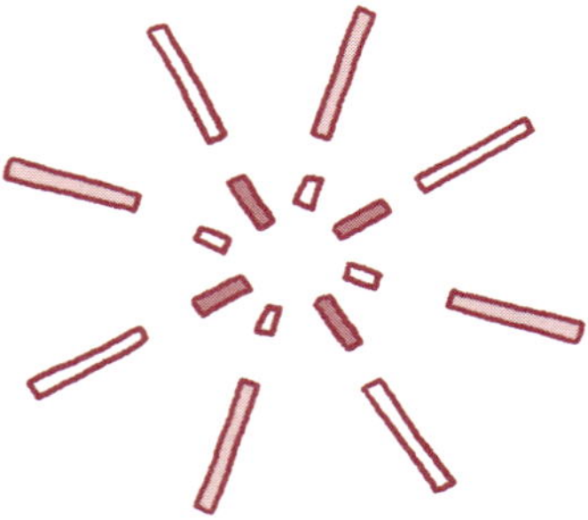

ストローで

ぴろぴろお花

カラフル模様に！

3〜4等分にしてから

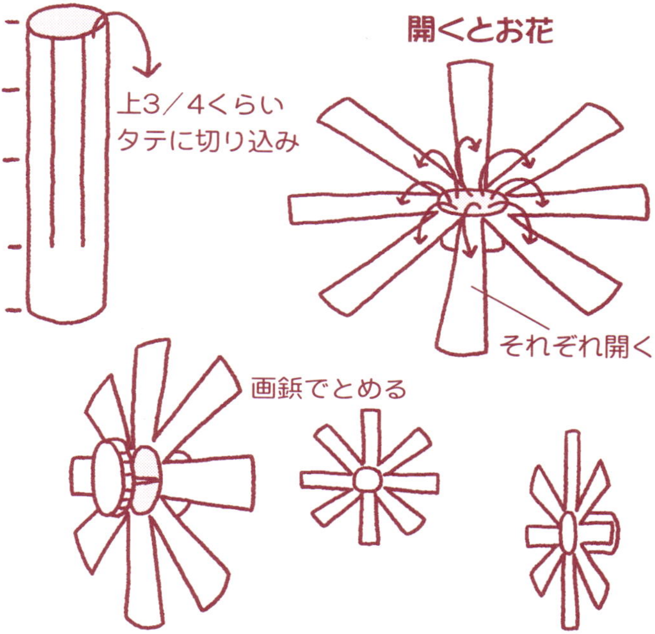
上3／4くらい
タテに切り込み
開くとお花
それぞれ開く
画鋲でとめる

スーパーのトレイで

かわいい留め具

パーツに!

画鋲の頭にオリジナルのカバーをつける

スチロールトレイなどを
好きな形に切り抜く

裏に画鋲をつける

カップめんの容器で

ふっくらお舟

キャラクターに！

底の部分を切り取る

カップめんの容器

人形をのせればお舟に

底を切り取る

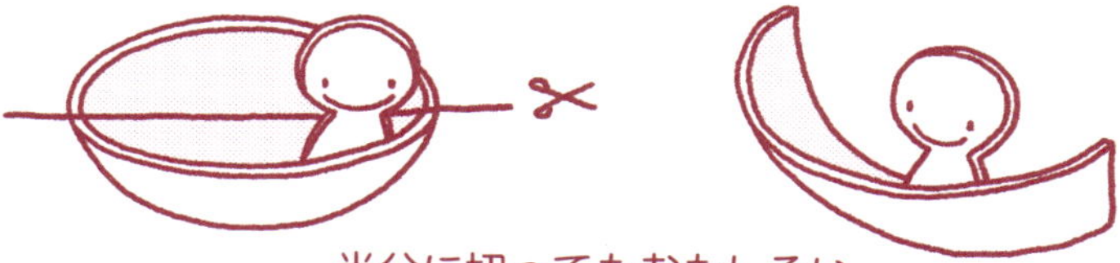

半分に切ってもおもしろい

バリエーション　パーツも切り出せる

底の湾曲を利用して立体的なパーツも切り出せる

お月さま

クマさん

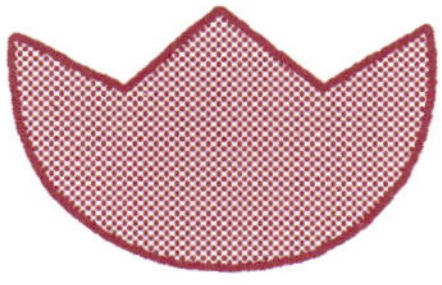

チューリップ

毛糸で

ぼんぼん玉

パーツに！

筒状の物に毛糸を巻きつける

輪ゴムでしばる
両端を切る

広げると玉になる

綿で

ふわふわ雲

背景（雲）に！

適当な大きさにちぎる

綿
ぽんぽんと
張っていく
両面テープ

リボン切れで

かんたんリボン

パーツに!

リボンを折り曲げて

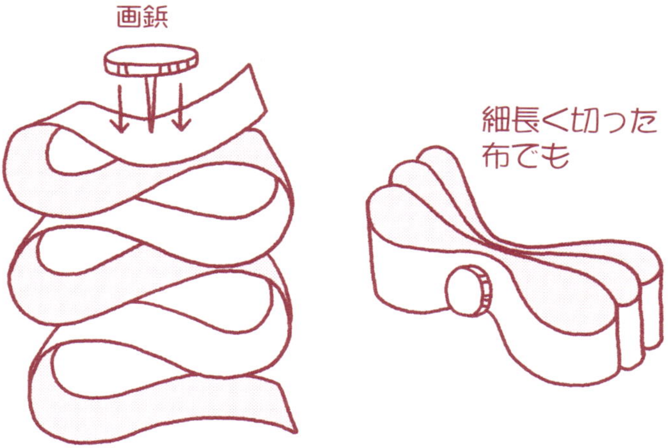
画鋲
細長く切った
布でも

ティッシュペーパーで

ティッシュでモコッ

パーツに!

クシャッと丸める

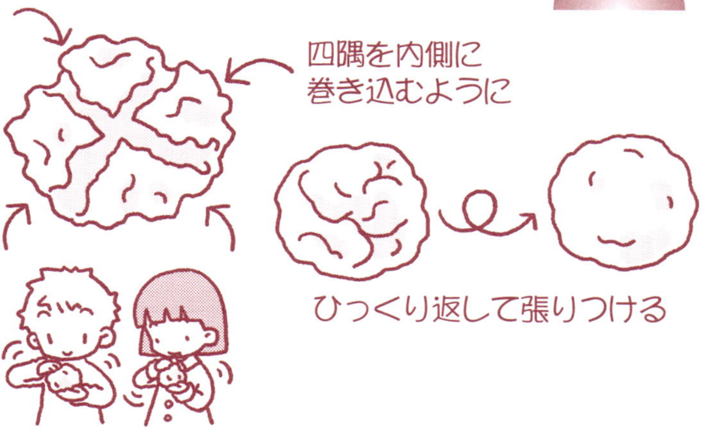
四隅を内側に
巻き込むように
ひっくり返して張りつける

腰のある紙で

わっかの額縁

台座に!

どんどん増やせる

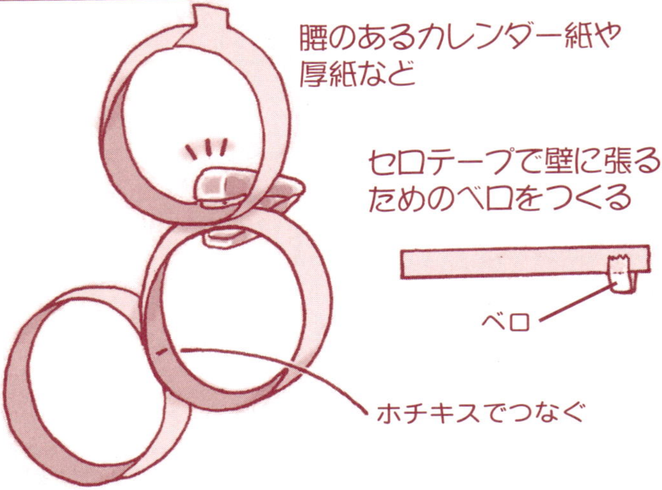
腰のあるカレンダー紙や
厚紙など
セロテープで壁に張る
ためのベロをつくる
ベロ
ホチキスでつなぐ

写真や絵を
あらかじめ
壁に張っておく
額縁状にとりつける

バリエーション **おなかにドア**

顔や手足をつける

厚紙でふたをつくり、
セロテープでとめる

色紙で

ポンポンかざり

カラフル
模様に！

色紙を竹ひごにとおす

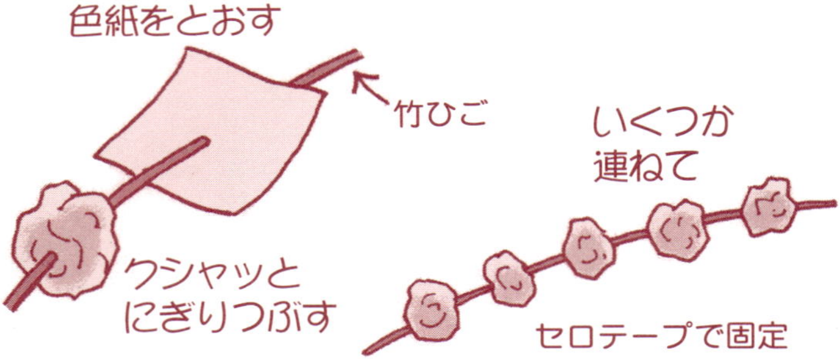
色紙をとおす
竹ひご
クシャッと
にぎりつぶす
いくつか
連ねて
セロテープで固定

テープでとめる

竹ひごで

ゆら～りかざり

台座に！

カッターで刻みを入れる

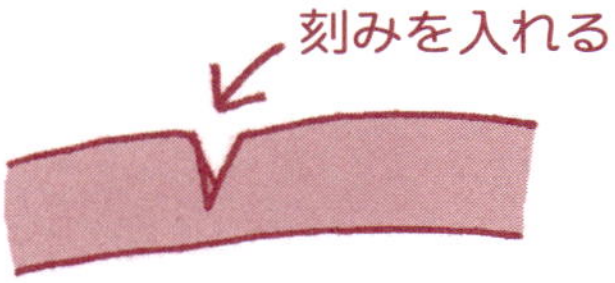
刻みを入れる

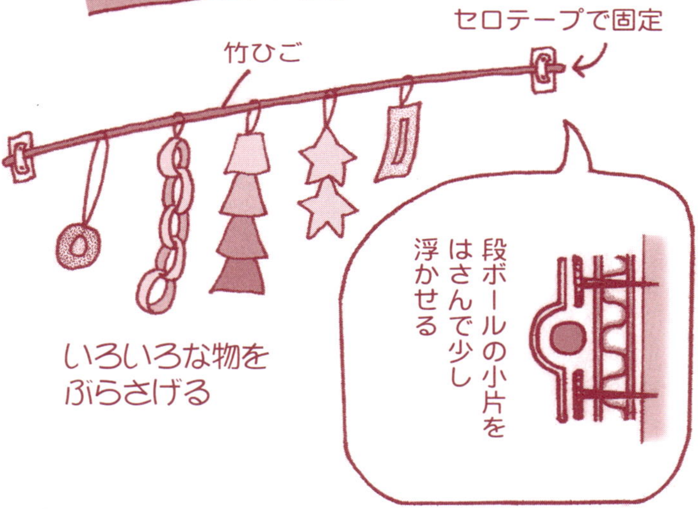
セロテープで固定
竹ひご
いろいろな物をぶらさげる
段ボールの小片をはさんで少し浮かせる

チョークの粉で

もわっと雲

背景(雲)に!

チョークの粉ひとつまみ

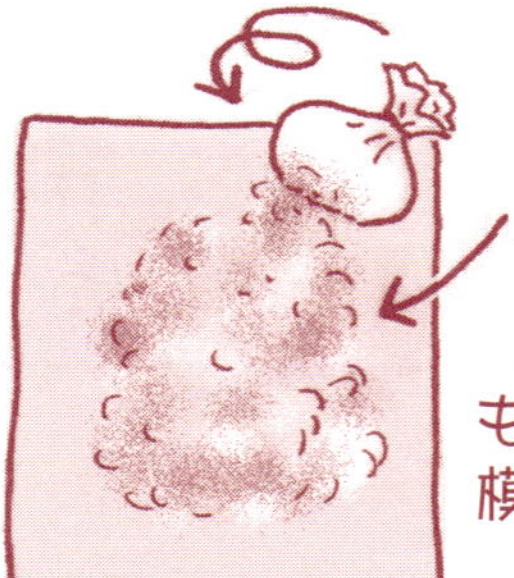

ティッシュで
こする

もわもわした
模様ができる

ざっくりと切り取る

パステルの粉でもできる

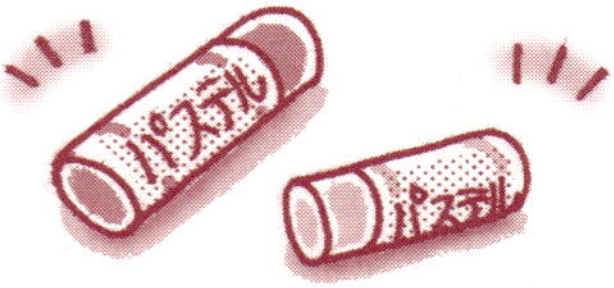

画用紙で

とんがるコーン 台座に！

紙を円形にカット、切れ目を入れる

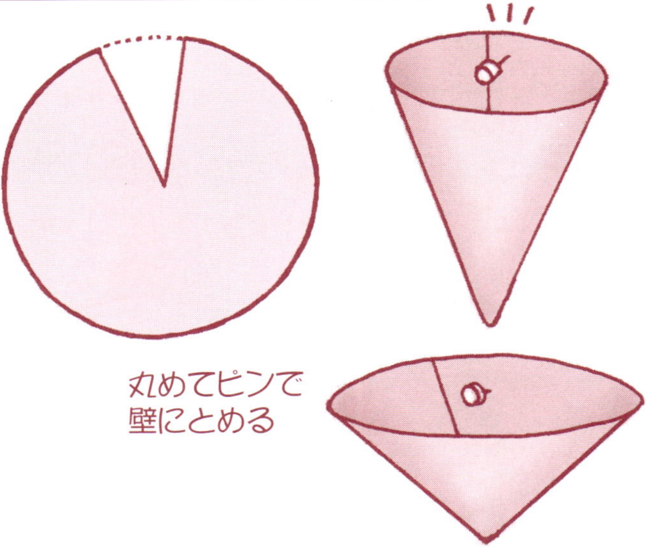

バリエーション

アイスクリーム

クラッカー

紙コップで

とびだし人形

キャラクターに!

胴の部分を切り取る

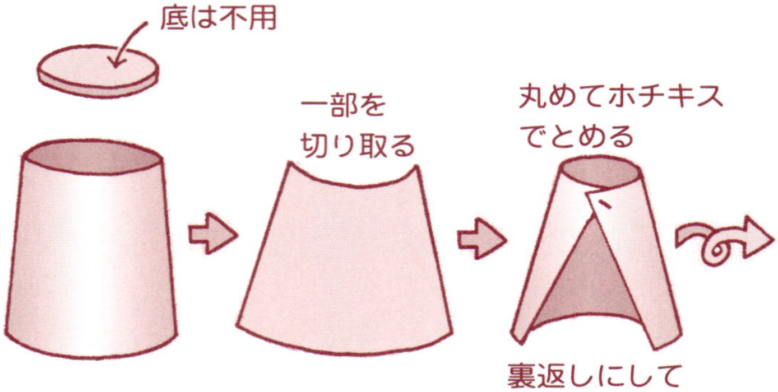

底は不用
一部を
切り取る
丸めてホチキス
でとめる
裏返しにして

頭や手足をつける
立体的な胴体になる

切り取る部分の
幅によって
太くも細くも
できる

砂で

かんたん砂絵

カラフル模様に！

台紙に木工用ボンドを塗り広げ、模様を描く

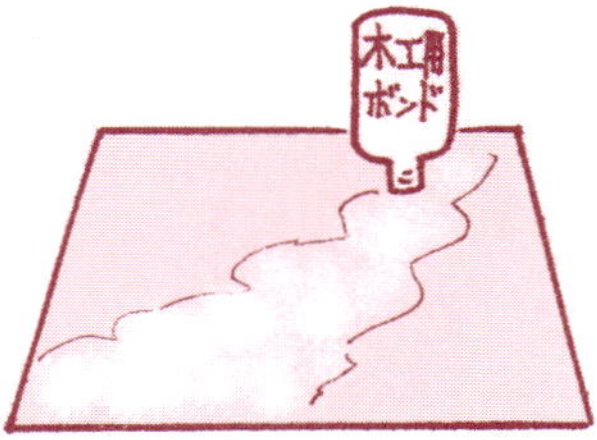

乾かないうちに砂をまく
枯れ葉を砕いた物でもきれい

バリエーション　紙吹雪かざり

テープをこまかく乱切りにして、
ノリの上にまく

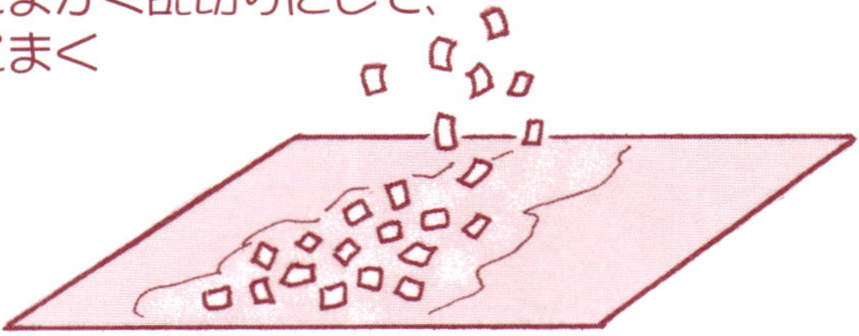

ガムテープで

ガムテでかわいく

テープで量産

カラフル模様に！

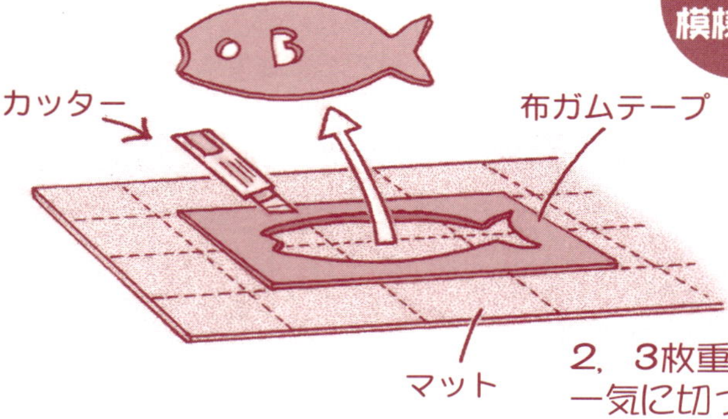

2，3枚重ねて
一気に切っても

はがして壁にペタ

幅広のビニールテープを使えば
いっそうカラフル

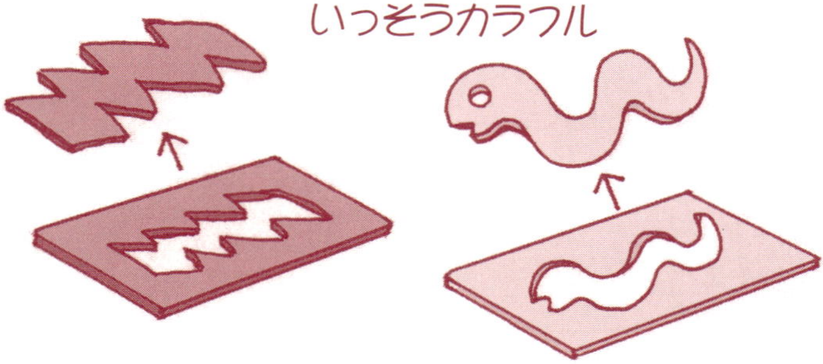

折り紙で

つながる三角

カラフル模様に！

折り紙を対角線で4等分

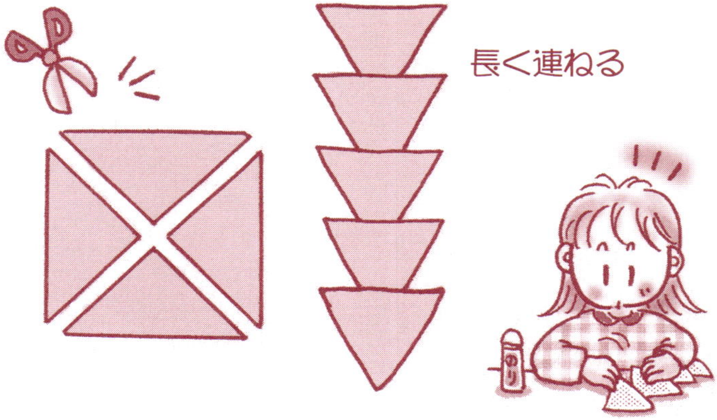
長く連ねる

腰のある紙で

あなあな帯

台座に！

テープ状の紙に

穴開け
パンチ
クリップをひっかけて
フックに

ゼムクリップで

ながーいクリップ

長く連ねる

台座に！

紙の飾りを好きな
場所にはさめる

透明卵パックで

透明お花

パーツに！

浅く切って

↑

パックの凸部を
浅く切る

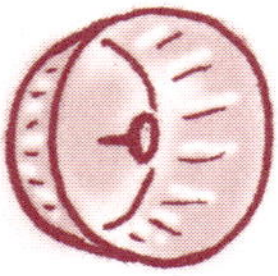

↑

画鋲でとめる

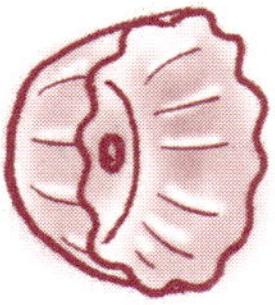

↑

ふちを波形に
切っても

紙皿で

くるっと円

パーツに！

紙皿のふちのデコボコの部分を使う

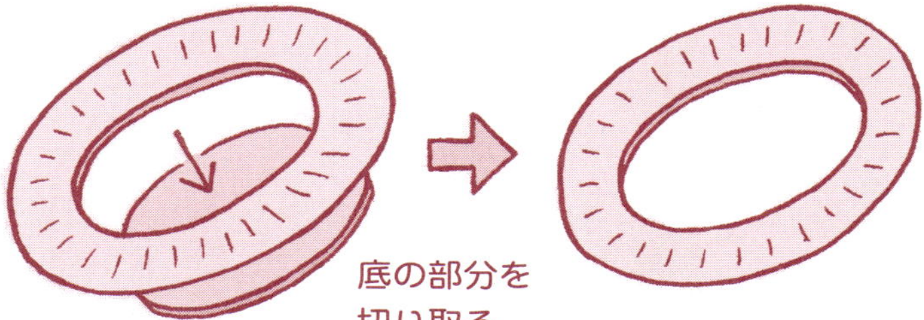

底の部分を
切り取る

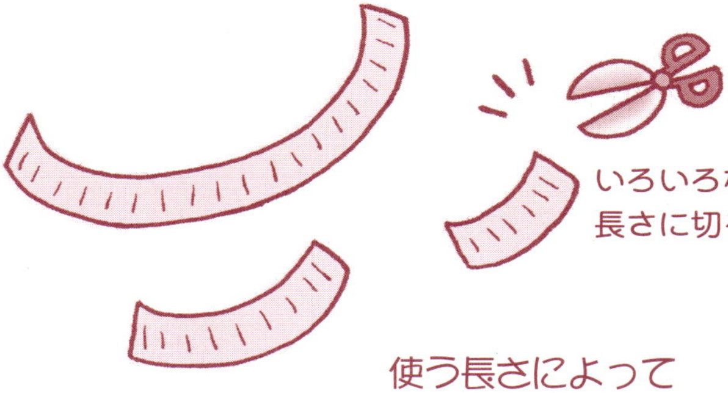

いろいろな
長さに切る

使う長さによって
大小の円ができる

バリエーション　ふじつぼ

たくさんつくる

透明卵パックで

クシャッでキラリ

パーツに！

山の部分を切り取る

透明プラスチックの卵パック

切り口に注意

きれいな場所に置き、
真上から一気に
足でつぶす

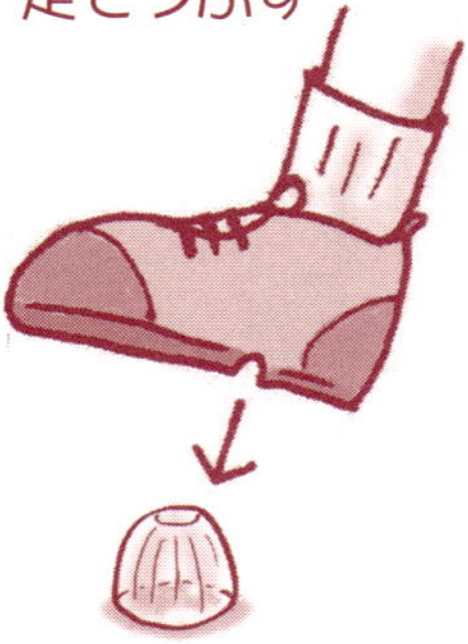

まわりの形を
はさみで整える

２つ重ねて
ピンでとめる

プラコップで

ゆらりクラゲ

キャラクターに！

ふちを波形にカットして、
すずらんテープを張りつける

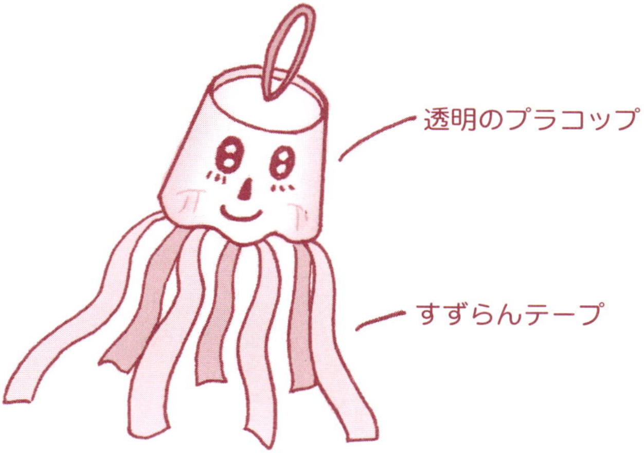

すずらんテープで

カラフルかざり

たれかざりに！

3色のスズランテープを
三つ編みにする

卵パックで

パカッ、こんにちは

卵パックの山の部分を切り取る

動く！

向かい合わせに糸に通す

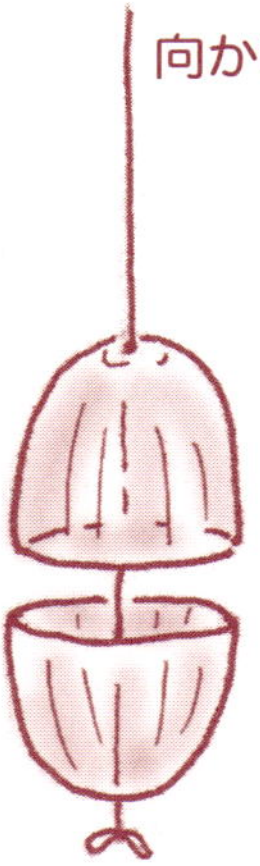

サイズのちがう
物を使えば
入れ子にできる

顔を描いたり
中になにか
入れておいたり

プラのパックは
切り口に注意

厚めの紙で

ちょっとぷっくりクマ

キャラクターに！

切れ目を入れて

ちょっと厚めの紙に

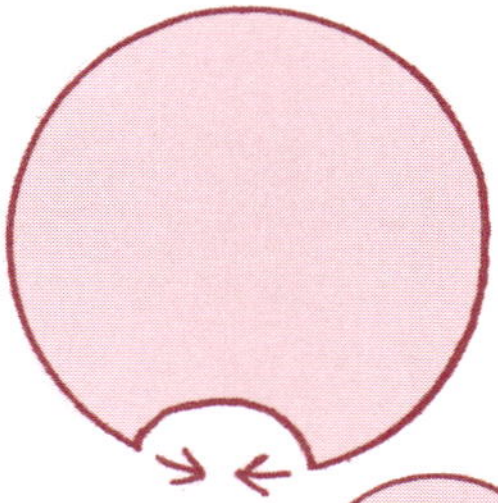

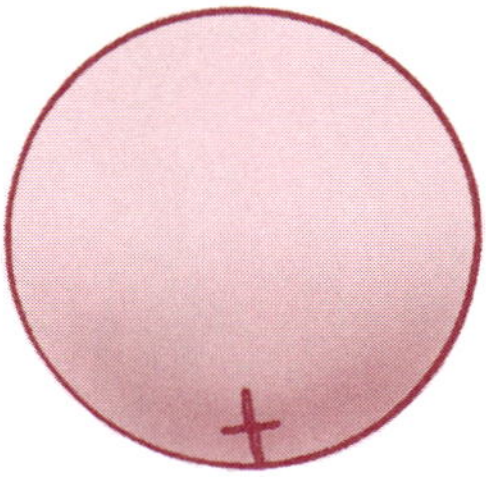

重ねてホチキスで
とめる

動物の耳とか

バリエーション　花弁

何個かをまとめればお花に

真ん中にシールなどを
張ってとめる

セロファン紙で

お手軽ステンドグラス

自由に切り抜く

カラフル模様に！

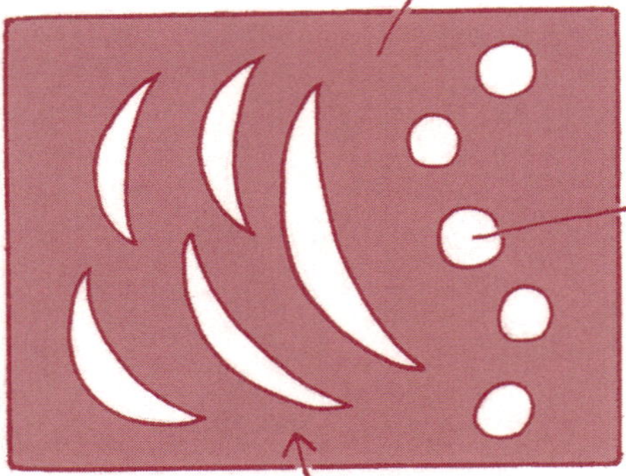
黒い紙
裏から好きな色のセロファンを張る
自由な形に切り抜く

バリエーション　窓にはる

外の光で透きとおり、ステンドグラス風に

わー!! きれい
透きとおって きれい!!

バリエーション　壁にはる

裏にアルミホイルを敷く

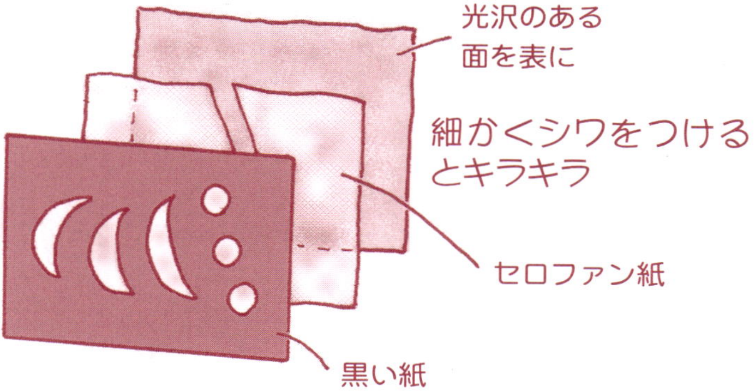
光沢のある
面を表に
細かくシワをつける
とキラキラ
セロファン紙
黒い紙

すごいね
こっちはキラキラ
光ってる!!

画用紙で

キューブなかざり

パーツに!

壁にとめたあとフタをしめる

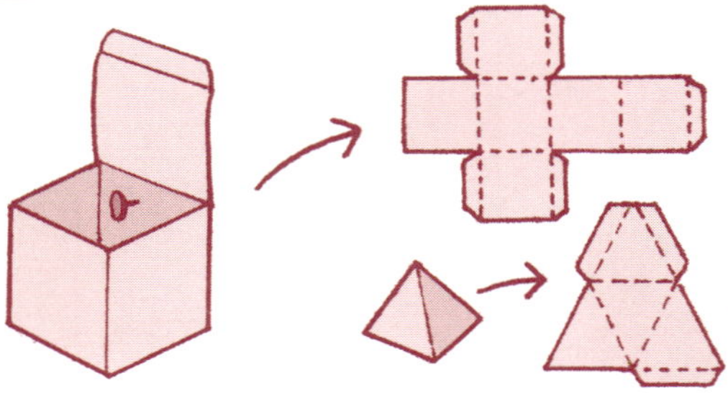

三角形でも
つくれる

バリエーション　壁に階段

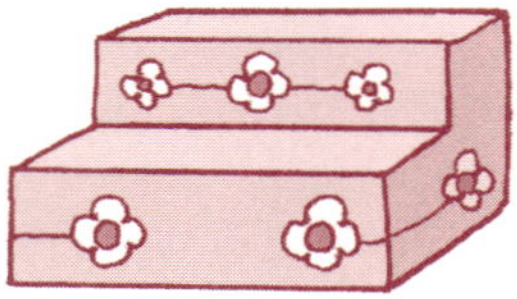

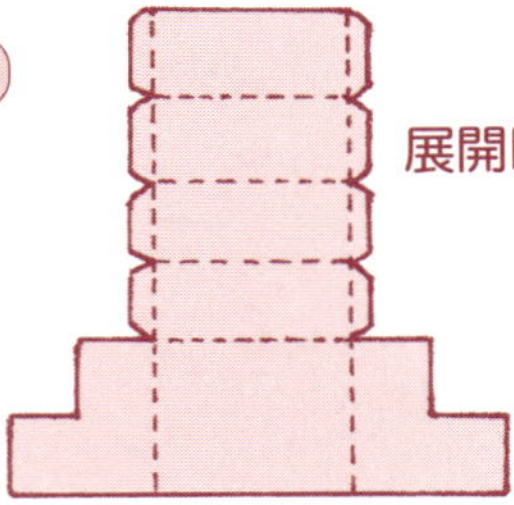

展開図

バリエーション　おひな様

バリエーション　お月見

すずらんテープで

さらさら流れ

背景（水・雲）に！

すずらんテープを自由な形に
おき、ピンでとめる

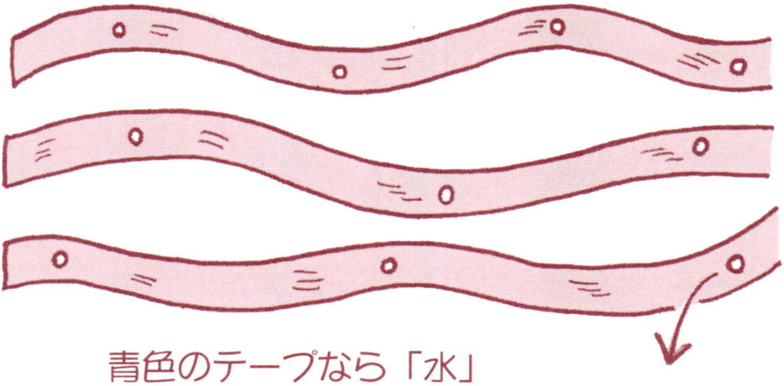

青色のテープなら「水」
白色なら「雲」とか

バリエーション

画鋲の頭に音符や魚の形を張ったり

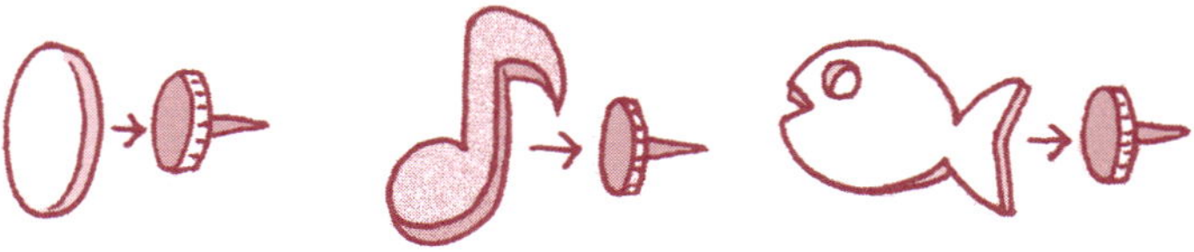

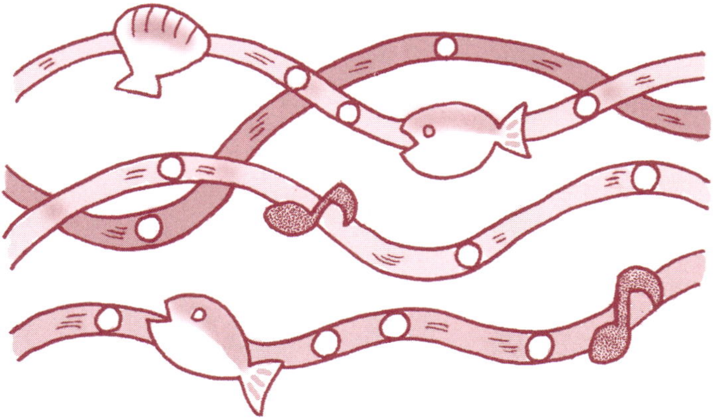

画用紙で

ちっちゃな袋

台座に！

画用紙の三方をまるめて壁に張る

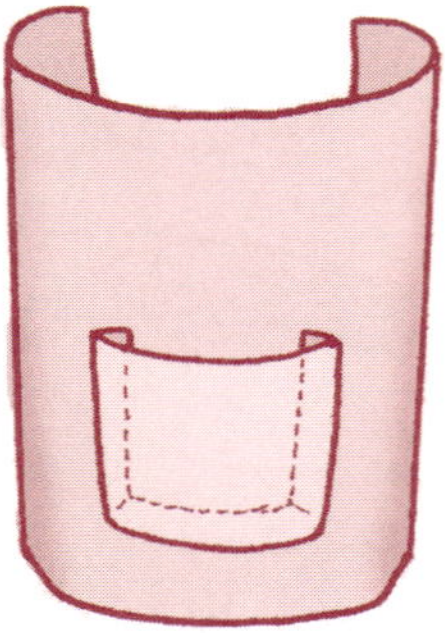

ちょっとした袋に

スポンジで

フワフワちょうちょ

厚いスポンジを薄くスライス

パーツに！

詰め物などに使われる
薄いスポンジでも

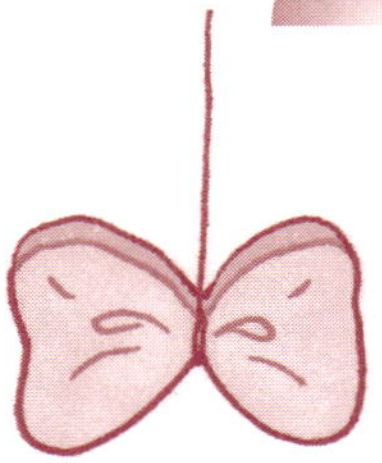

真ん中を糸でくびる

とめてもよし、
つるしてもよし

紙テープで

チェックな壁

カラフル模様に！

台紙に切れ目を入れて

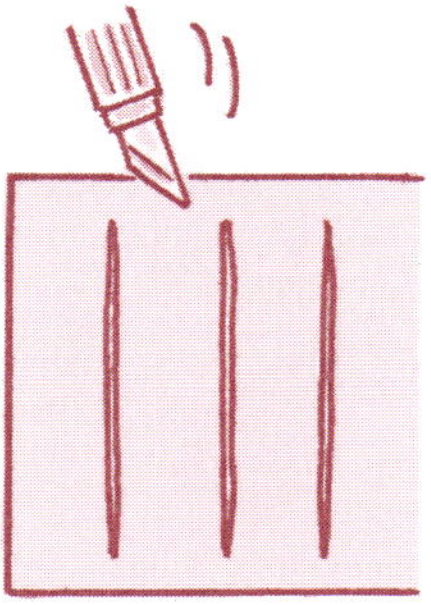

各色のテープを差し込む

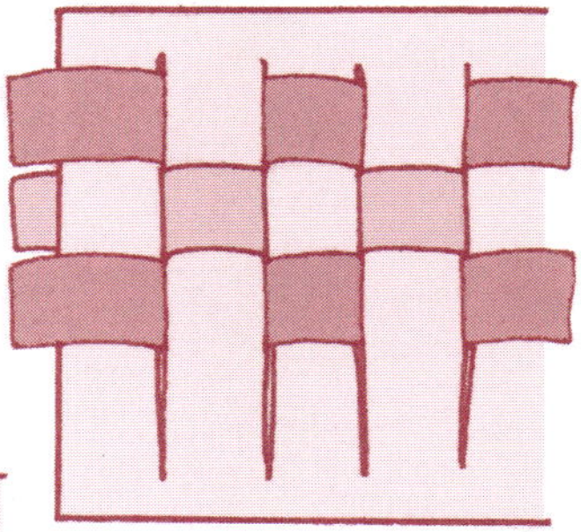

テープで市松模様を
織る感じ

画用紙で

スライドしてこんにちは

厚紙をはさんで浮かせる

動く!

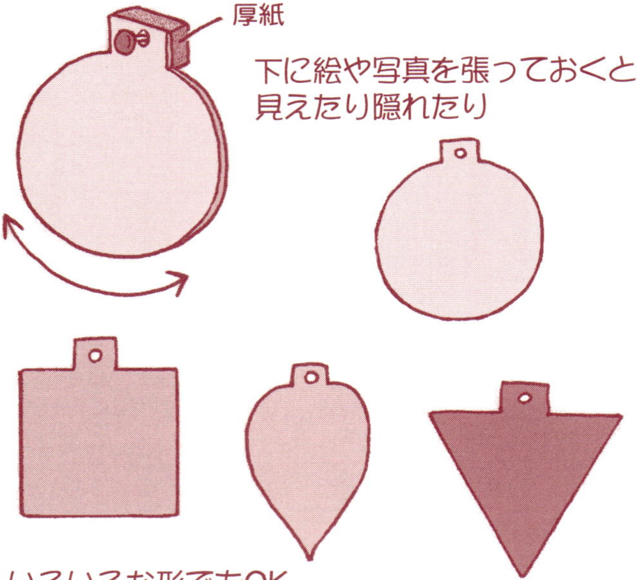
厚紙
下に絵や写真を張っておくと
見えたり隠れたり

いろいろな形でもOK

折り紙で

クルクル風車

パーツに!

折り紙で風車を折る

ピンでとめる

ストローで

ゆらりストロー

たれかざりに!

ストローを糸に通す

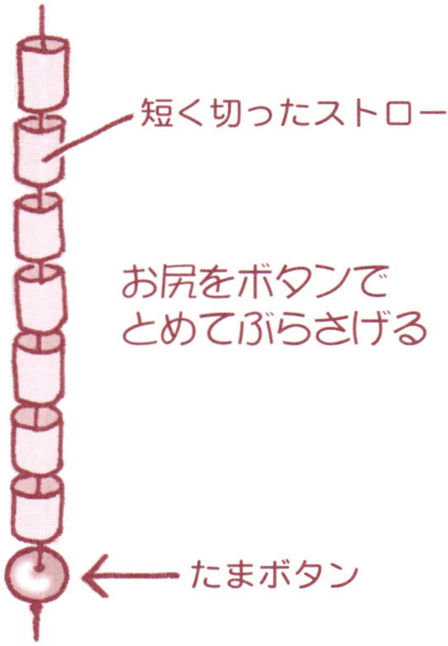
短く切ったストロー
お尻をボタンで
とめてぶらさげる
たまボタン

画用紙で

まわしてまわして

軸穴を大きめにして，ぐるぐるまわす

動く！

バリエーション 1 混色

それぞれの扇形をいろいろな色に塗る

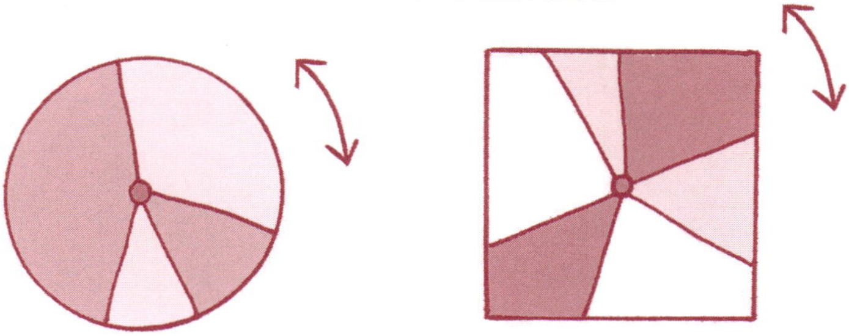

バリエーション 2 ぐるぐる模様

うずまき模様でも

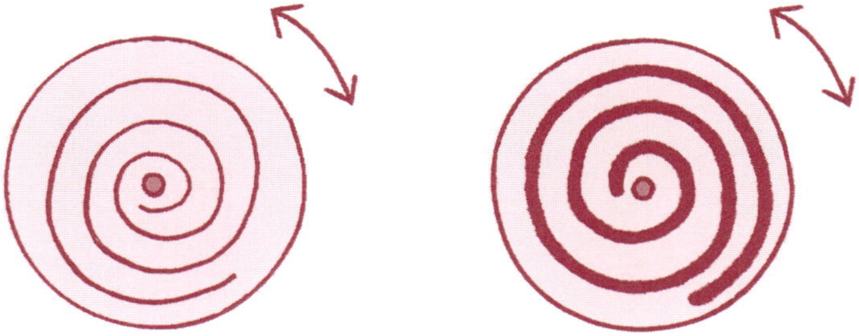

バリエーション 3 ぐるぐるカラフル

いろいろな色に塗った円盤を何枚か重ねて張る

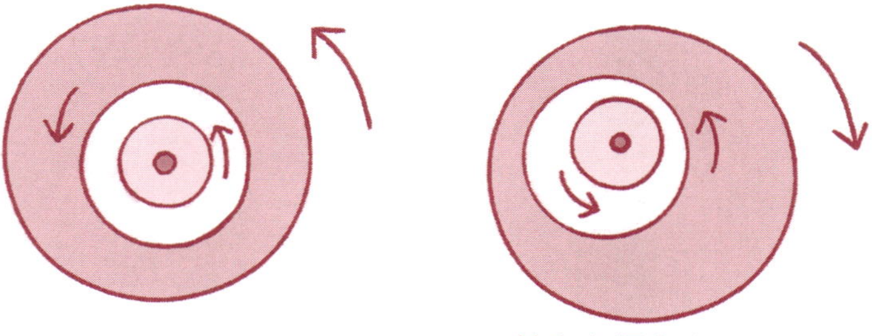

軸穴を偏心させても

すずらんテープで

ナイアガラさらさら

たれかざりに!

輪ゴムでまとめる

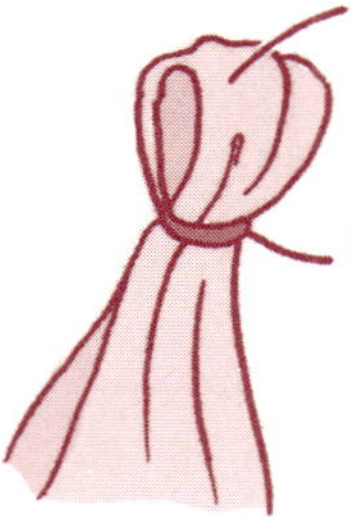
スズランテープ
輪ゴムで
まとめる

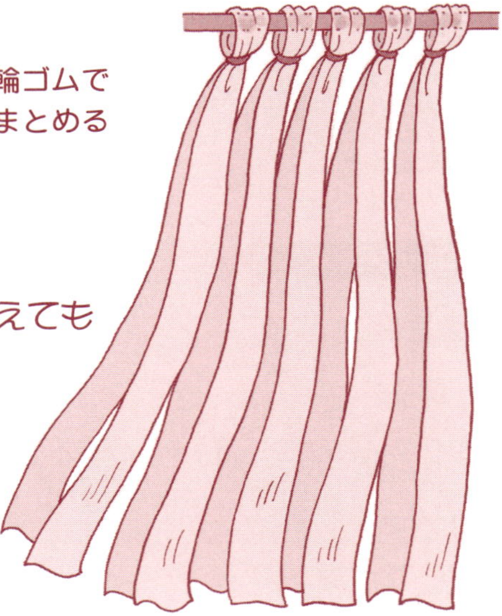
何束かつくって
棒やひもに通す
色を変えても

段ボールで

ガタガタくるくる

パーツに！

段ボールを帯状に切る

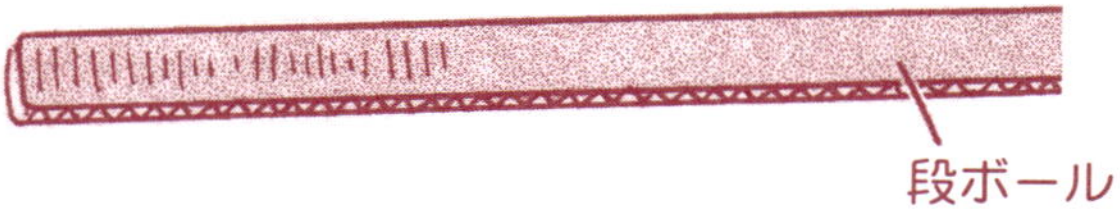

片面をはがしてもよい

くるくる巻いて
壁に張りつける
大小、色とりどり

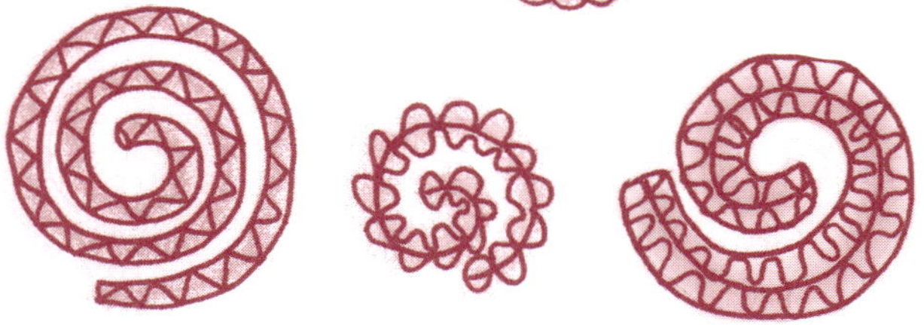

いろいろな断面の
段ボールを利用
してみよう

紙テープで

くるっと紙

パーツに!

紙テープを輪にしてとめるだけ

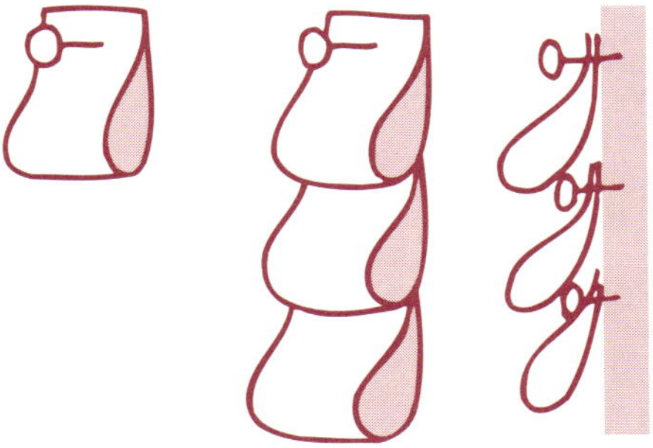

たてにつなげてもよし,
横に並べてもよし

バリエーション　花もつくれる

丸くとめれば花弁に

腰のある紙で

くるくる花

パーツに！

テープ状に切った紙を

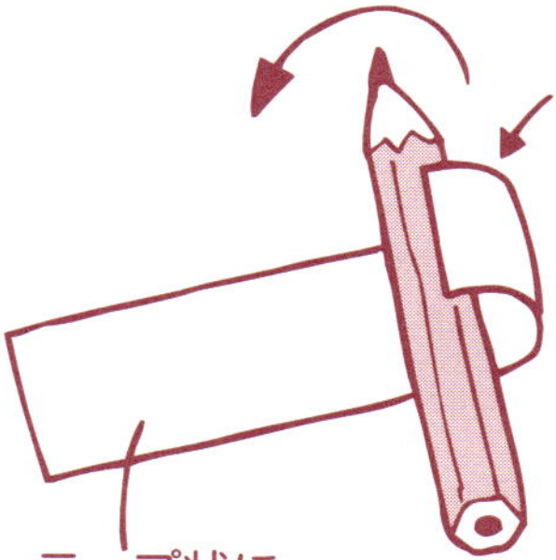

エンピツに巻いて
クセをつける

テープ状に
切った紙

ふちを少しカットする

何枚かまとめれば満開の花に

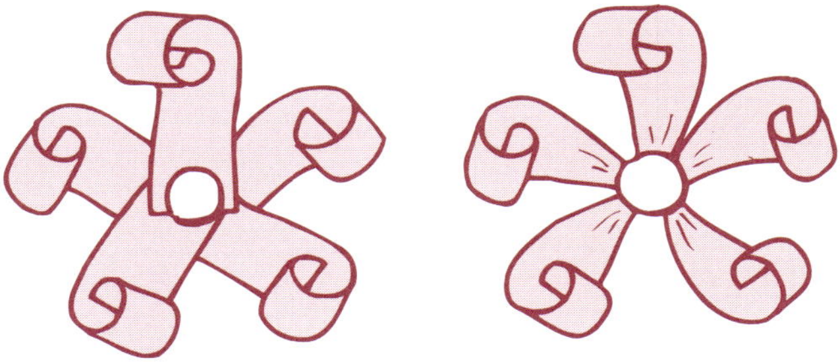

ストローで

上下するクマ

動く！

クマやウサギの顔をつくる

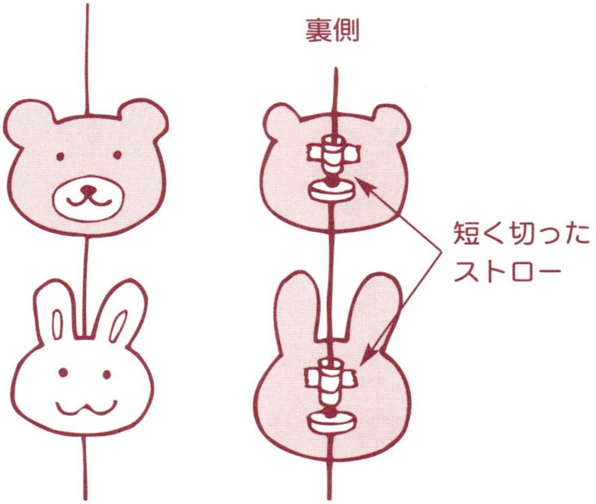

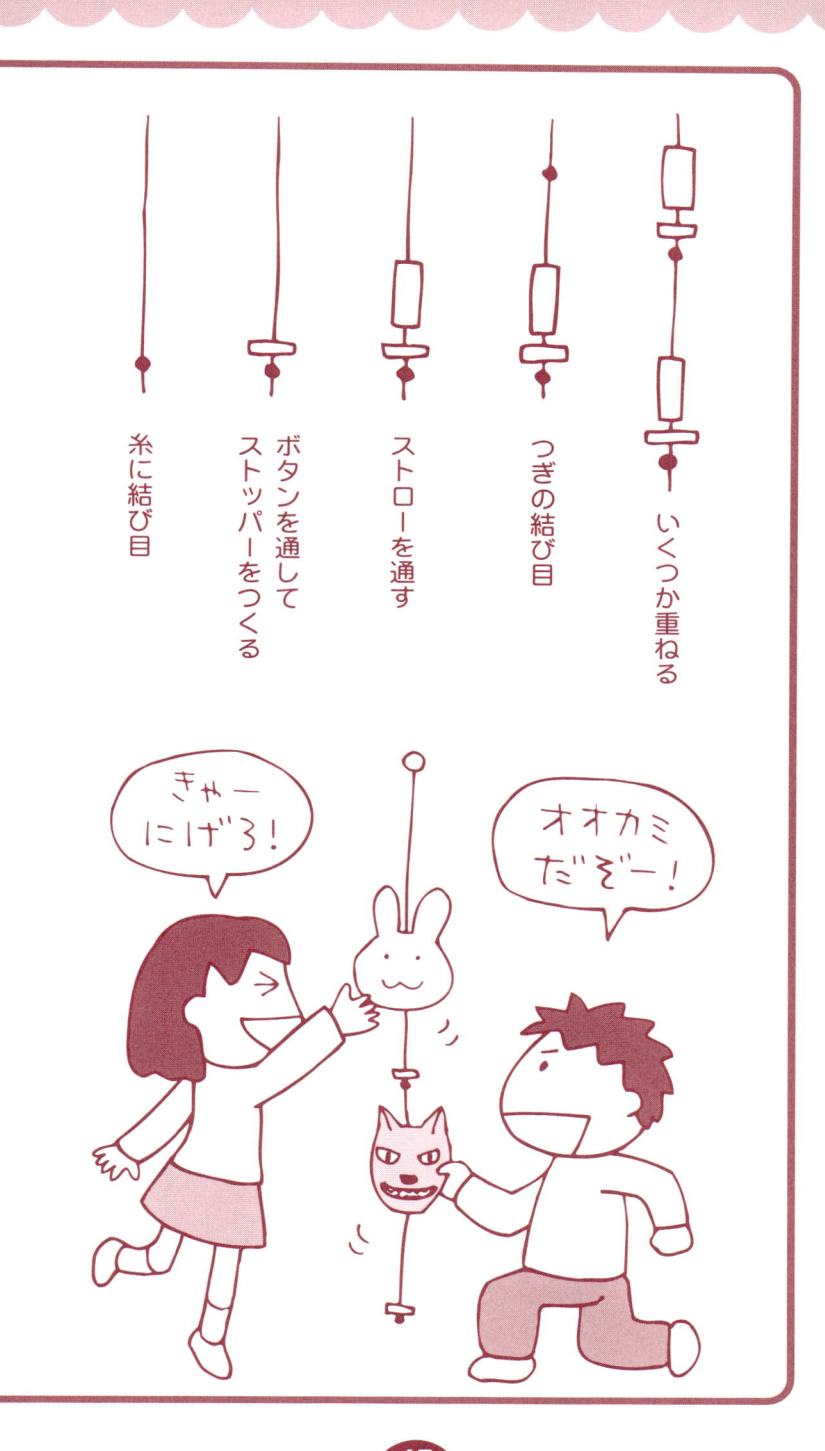

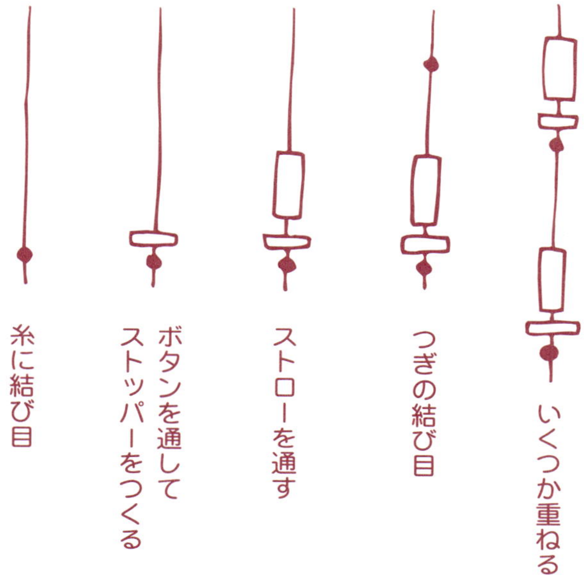
いくつか重ねる
つぎの結び目
ストローを通す
ボタンを通して
ストッパーをつくる
糸に結び目

オオカミだぞー！
きゃーにげろ！

カラーモールで

モールのだんご

パーツに！

モールを輪にしてねじる

いくつか連ねて
はしをカット

かざりでもよし
枠として台座にも使える

毛糸で

ちっちゃな毛玉

パーツに！

くるくる巻いて小さな毛糸玉をつくる

つるしてもよい

両面テープで
壁面に張る

カラーモールで

からくさモール

カラフル模様に！

筒に巻きつけてくせをつける

はしをねじってつなげる

いくつでも連ねられる

色違いのほうがおもしろい

バリエーション　ウネウネかざり

毛糸をからくさ模様に張りつける

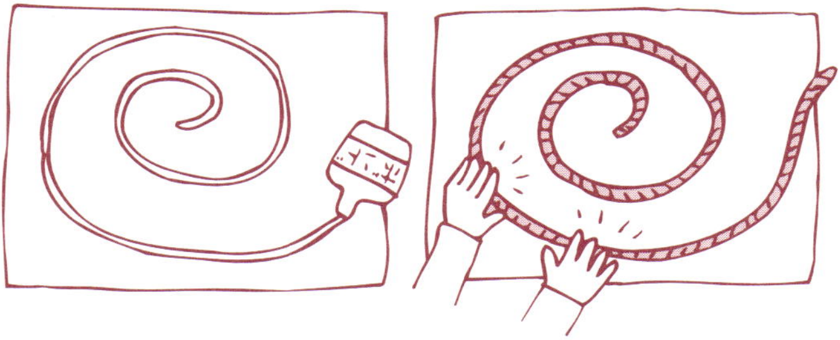

厚紙で

立体タイトル②

パーツに！

切り抜いて文字を書く

厚紙に（段ボールでも）

文字を書く

ふちが重なる
ように張っていく

バリエーション　毛糸で縁取り

ふちを毛糸などで
囲むと、いっそう
立体的に

糸と針で

点線お絵かき

カラフル模様に！

太針でぬっていく

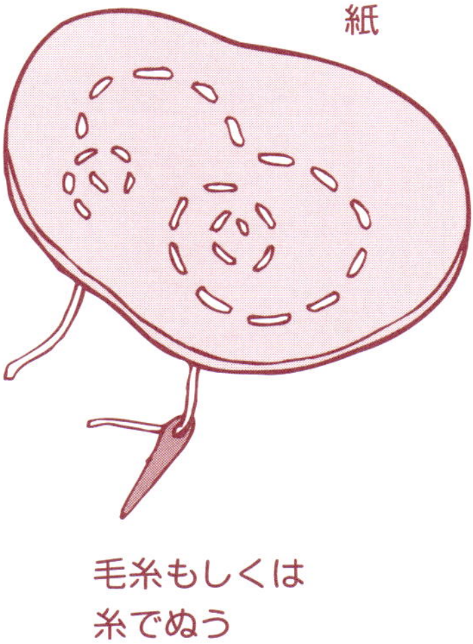

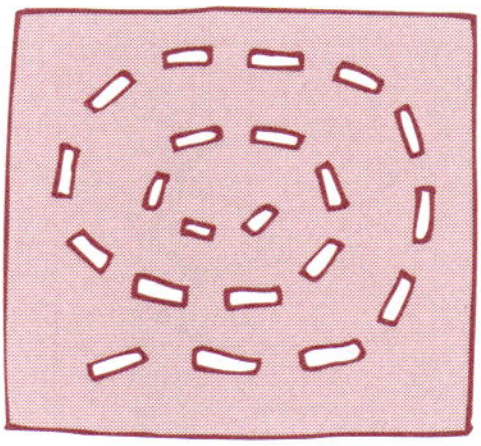

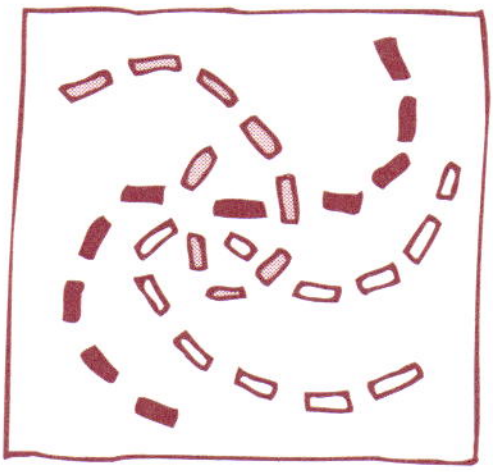

腰のある紙で

シェードかざり

パーツに！

レンズ形に切り抜く

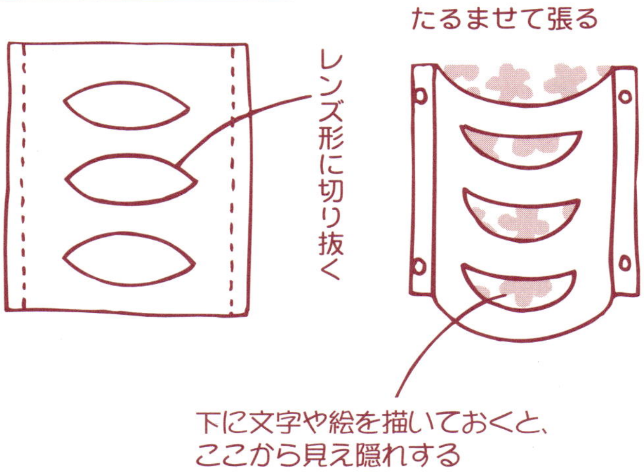

たるませて張る
レンズ形に切り抜く
下に文字や絵を描いておくと、
ここから見え隠れする

画用紙で

立体タイトル③

パーツに！

両端を内側に丸めて画鋲でとめる

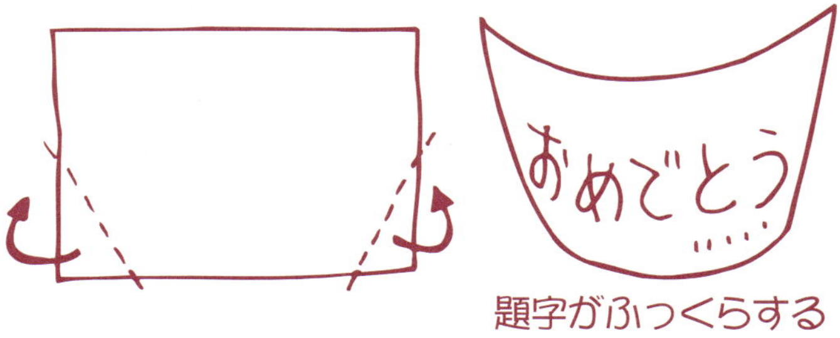

おめでとう
題字がふっくらする

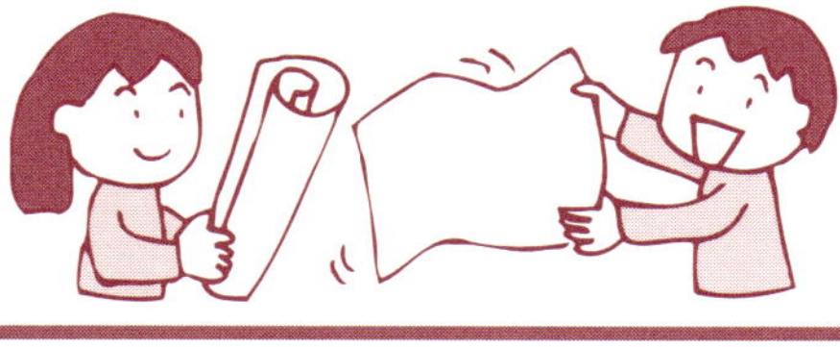

トイレットペーパーの芯で

にこっと太陽

パーツに！

リング状に切る

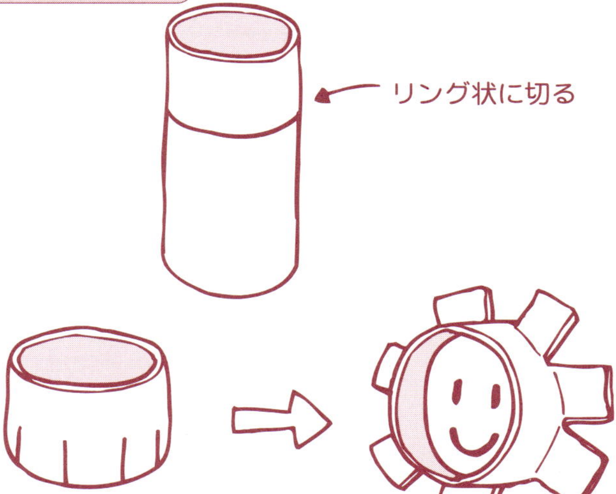

切り込みを入れる

広げて壁に張る
オレンジ色に塗れば
太陽に

画用紙で

なみなみわっか

パーツに！

画用紙に切り込みを

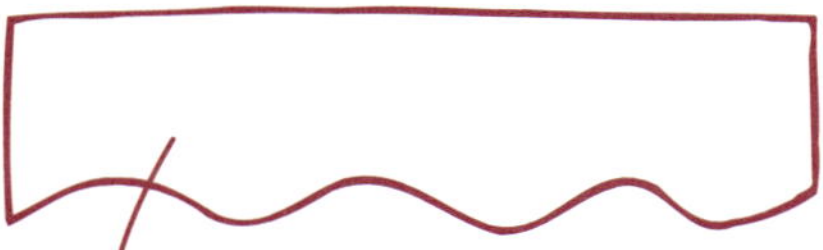

片方を波形に切る

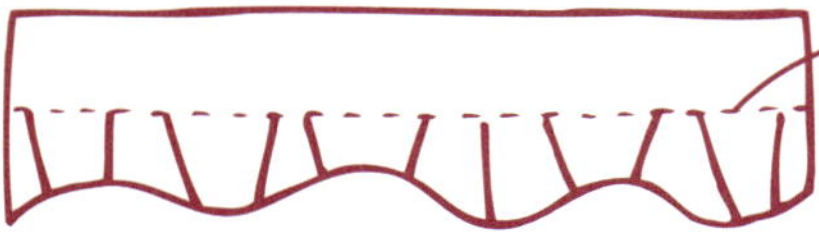

そろうように

まっすぐだけではなく、ななめに入れても

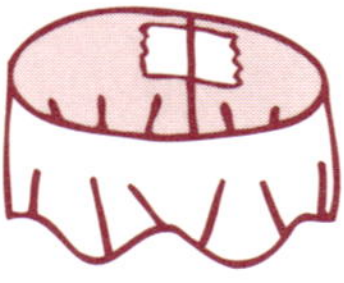

巻いてとめる

ここの長さに
変化が出る

切り込みを広げる

いそぎんちゃく！
壁にセロテープでとめる。

糸や毛糸で

張れば張るほど

複雑にもシンプルにも

カラフル模様に！

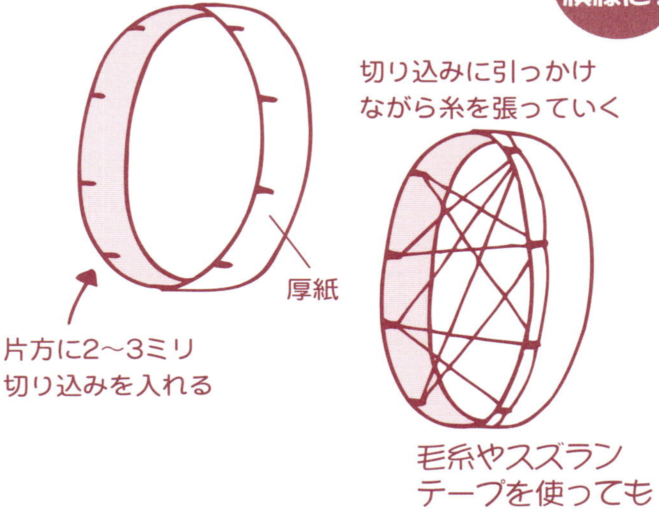

切り込みに引っかけ
ながら糸を張っていく
厚紙
片方に2～3ミリ
切り込みを入れる
毛糸やスズラン
テープを使っても

厚紙で

おっきな丸ちっちゃな丸

パーツに!

小さく切った厚紙をはさむ

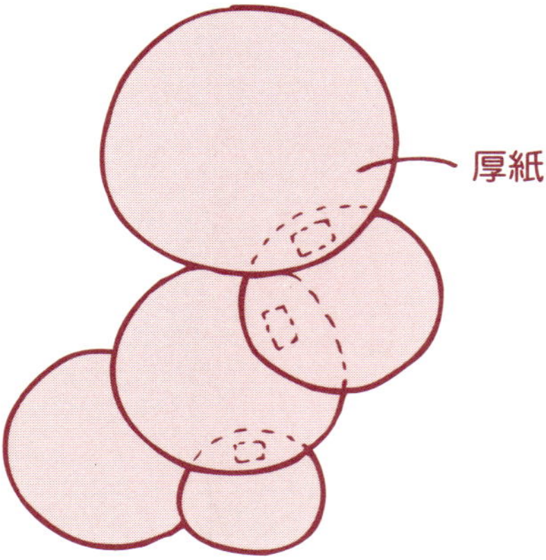

丸の大きさは自由

色を統一しても
いいし、ばらばら
カラフルでも可

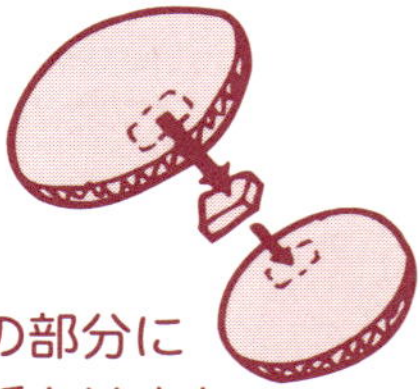

のり付けの部分に
小さな厚紙をはさむ

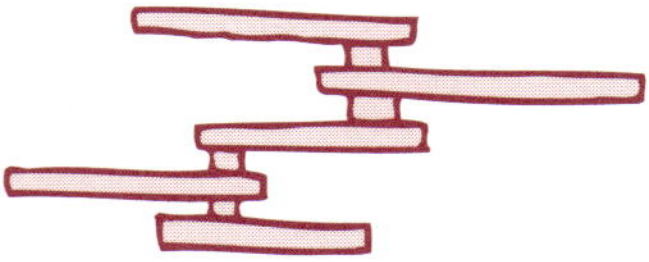

立体感が増す

写真などを
はってもよい

トイレットペーパーの芯で

ちっちゃなアーチ

パーツに!

3等分に輪切りにする

芯を3等分に
輪切りにする

①1／3
切り取る

②1／4
切り取る

③1／4
切り取る

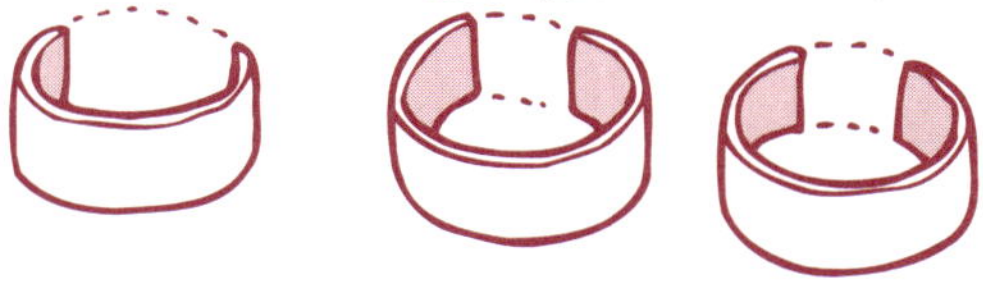

①を真ん中にして両端に②と③を
ホチキスどめする

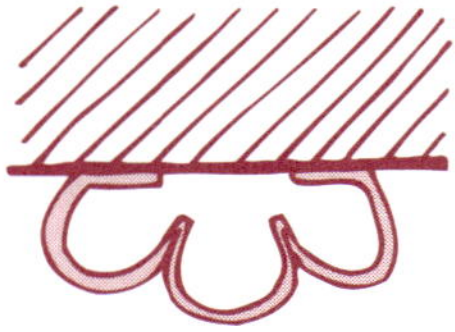

②③の端を折り曲げて
壁につける

カラーモールで

くるくるモール

パーツに！

モールを指やエンピツに巻きつけてコイル状にする

コイル状にする

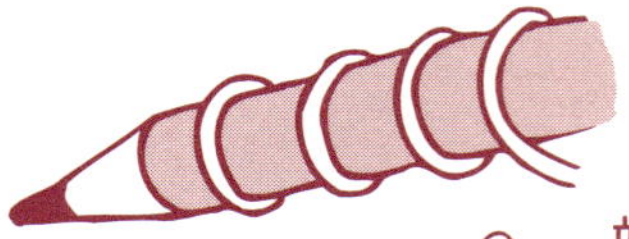

端を輪にして
ピンにひっかける

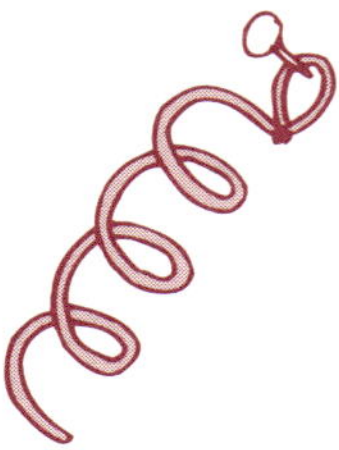

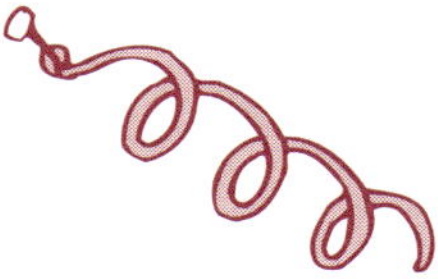

カラーモールで

モールのリース

パーツに！

色違いのモールを2本よじる

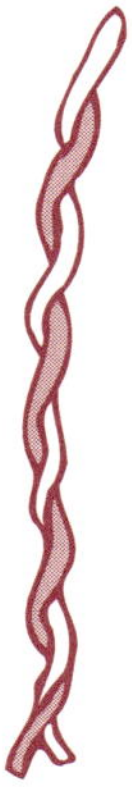

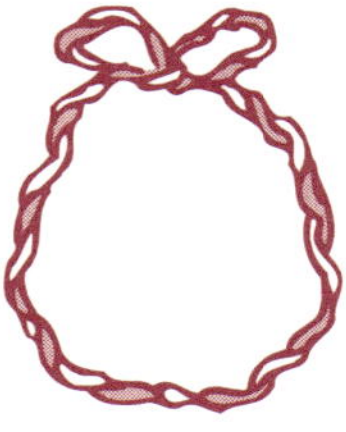

輪っかにすると
ちっちゃなリース
のできあがり

厚紙で

動くスクエア

動く!

片端をとめる

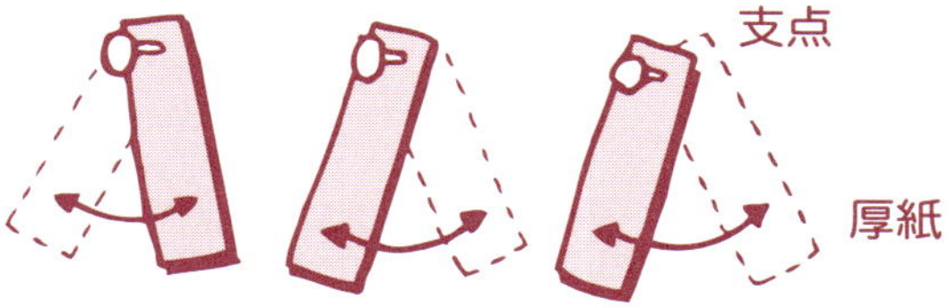
支点
厚紙

自由に動かせる

いろいろな形や模様がつくれる

左向きにしよう!
じゃあこっちは右向き!

厚紙で

かくれんぼ

動く!

厚紙を大中小のスプーン型に切り抜く

長めのピンで3枚をひとまとめにとめる

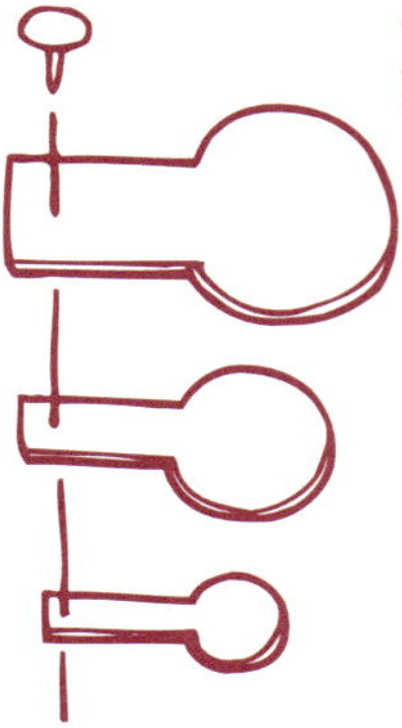

動かすと下の絵が出たりかくれたりする

それぞれに絵を描く

腰のある紙で

ユラッコくん

動く!

長いベロをつくる

ベロの端を壁にとめる
ゆれる〜!

梱包材で

ぷちぷち雲

背景(雲)に!

雲の形に切り取って壁に張る

いろいろな
大きさの
ものを使って

紙皿で

とびだせ半円

パーツに！

紙皿の縁の部分を切り抜いて2等分する

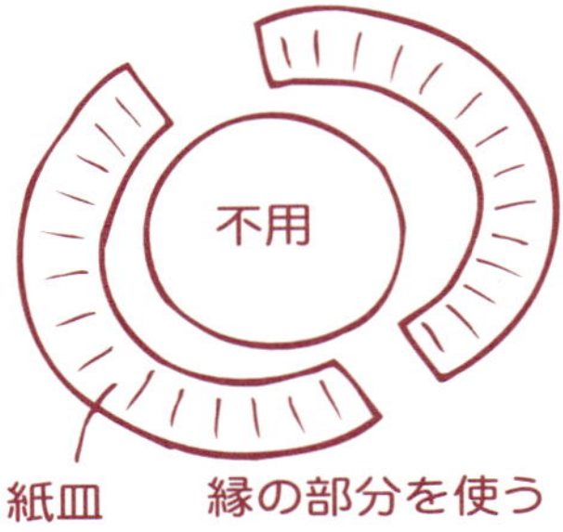

端を折り曲げて壁に張る

バリエーション　段々半円

サイズのちがう紙皿を
使って大中小
順番に並べて張る

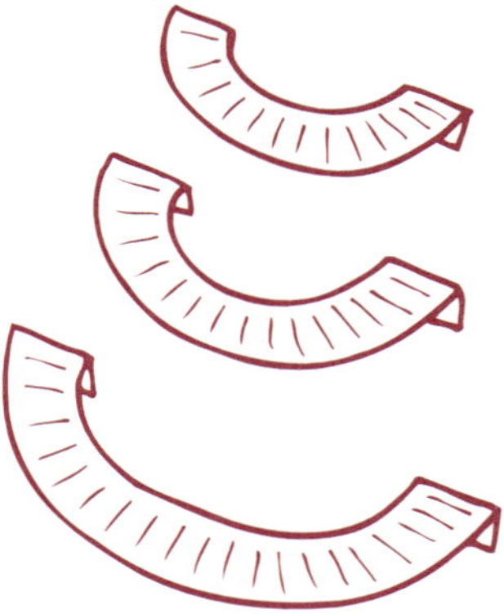

厚紙で

かんたん歯車

パーツに！

厚紙を円形に切り取る

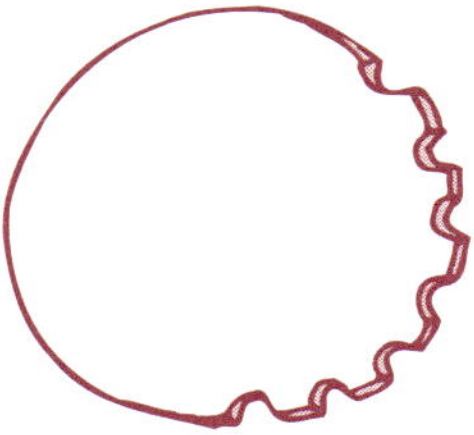

穴開けパンチで縁を
半円状にえぐっていく

大小の円をまとめて
張ると、歯車に

バリエーション　穴々円盤

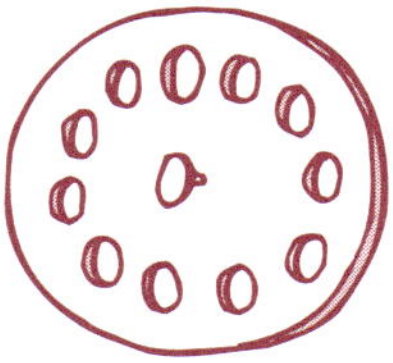

規則的に開けたり

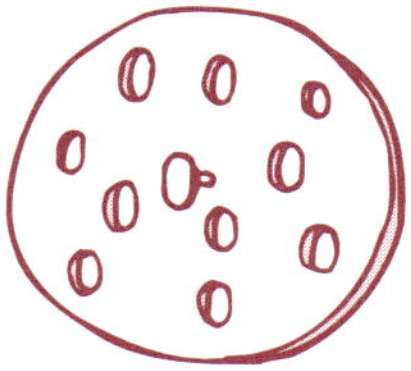

ランダムに開けたり

画用紙で

ヒラヒラかざり

パーツに！

カーブで曲げて

切り込み（間隔1センチ前後）

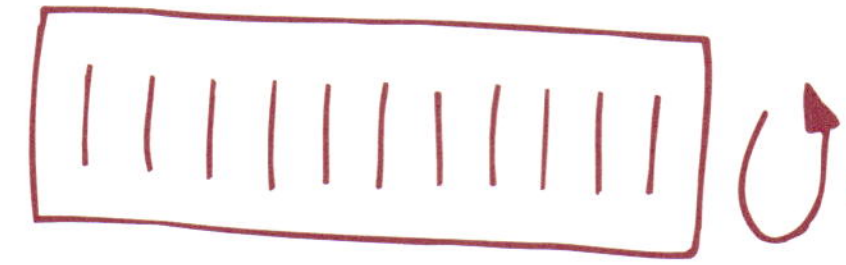

丸める

カーブをつけて
張っていくと
房状に開く

バリエーション　段々ひらひら

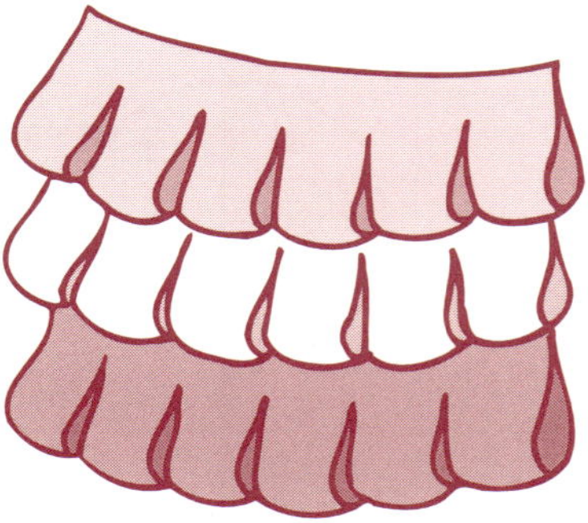

色とりどりの房を
重ねて張っても

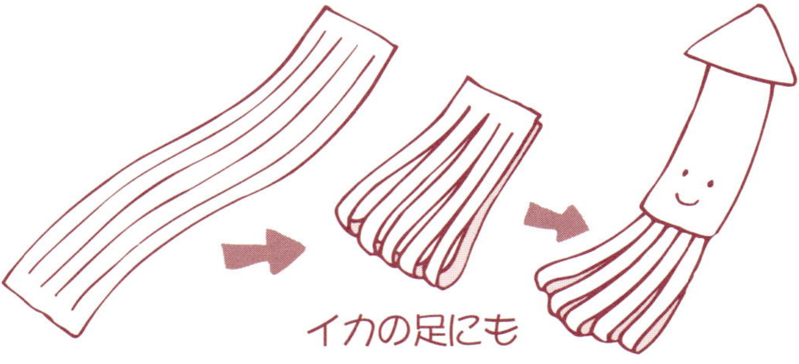

イカの足にも

画用紙で

わっさわっさの木

パーツに！

一辺をななめにカット

ななめにカット

こまかく
切り込みを入れる

クルッと巻く

切り込みを深く入れるほど
しだれが大きくなる

切り込みを開くと木に

長いものも　短いものも　葉の長いものも

ティッシュの空き箱で

ちっちゃなピラミッド

空箱の8つの角を利用して

パーツに！

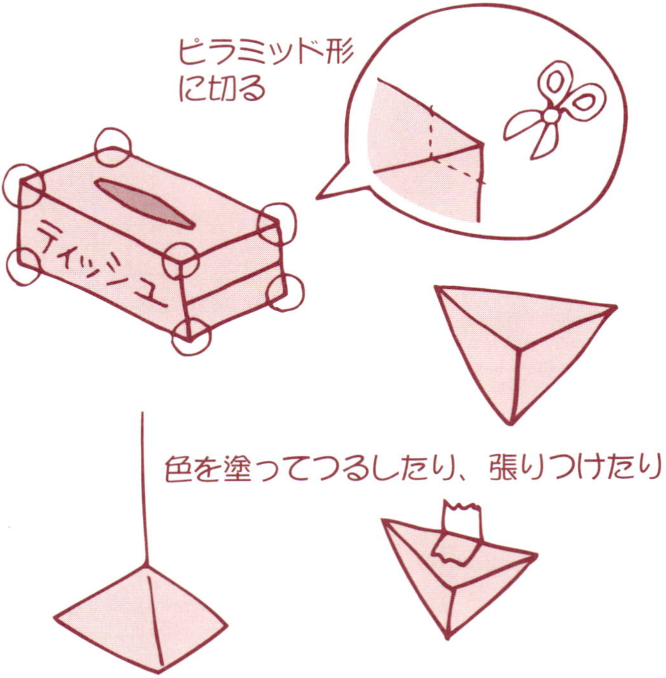
ピラミッド形
に切る
ティッシュ
色を塗ってつるしたり、張りつけたり

わあ、
いっぱい！

紙テープで

紙の三つ編み

たれかざりに!

三本の細い紙で

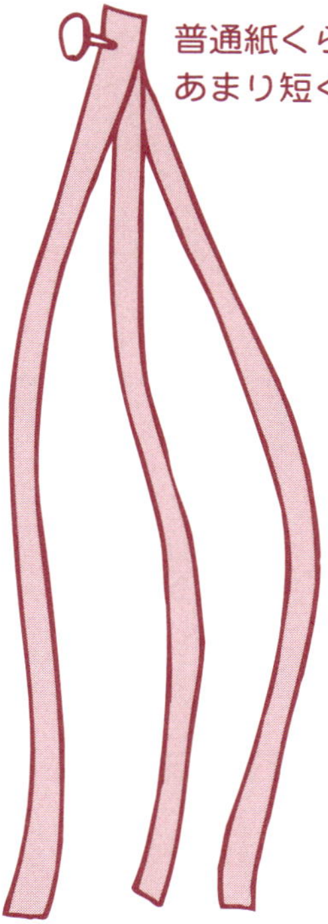

普通紙くらいの厚さ
あまり短くならないように

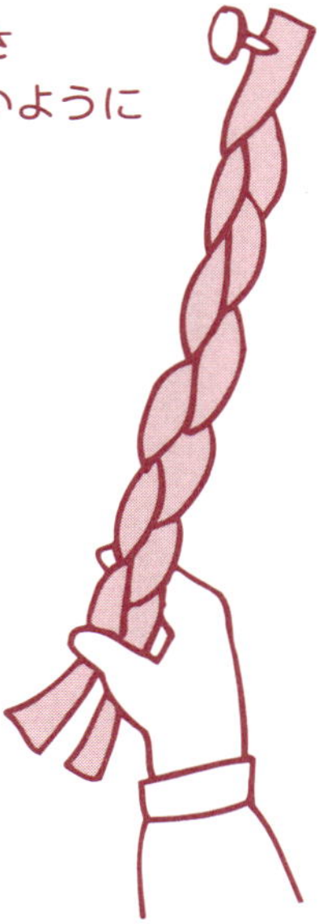

ゆるめに三つ編み

輪にする
単色でもカラフルでも

画用紙で

おしゃれな帯

パーツに！

おしゃれなチェック模様

帯状の紙に切り込みを入れる

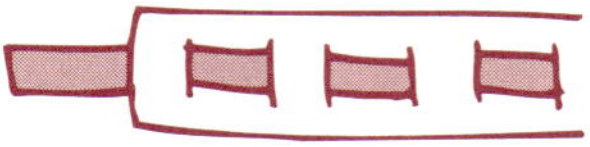

別色のリボンを通す

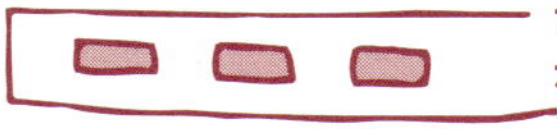

そのまま壁に張ってもよし

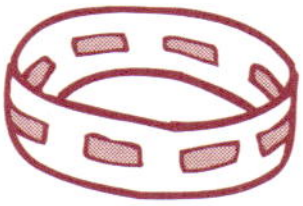

輪っかにしてもよし

紙テープで

ジャバラのリース

パーツに!

テープをジャバラに折る

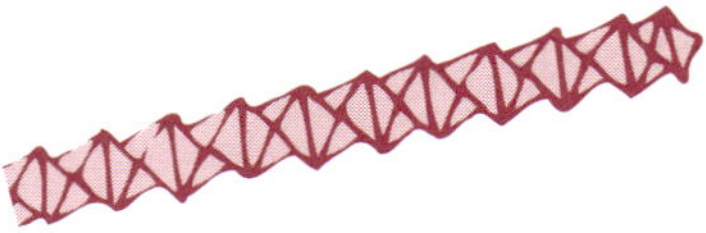

Ⓐ長いものを1本
(短めの3倍くらいの長さ)

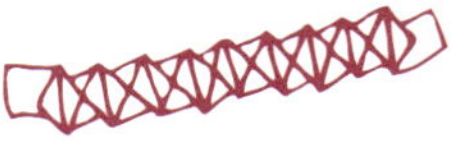

Ⓑ短いものを1本

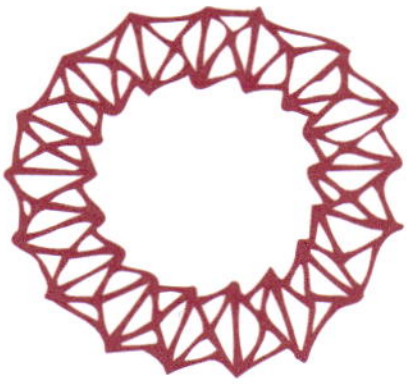

Ⓑを輪にする

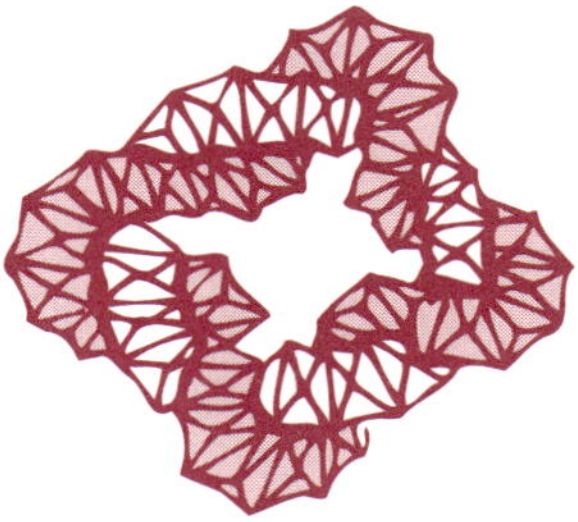

ⒶをⒷにゆったりと
巻いていく

白1色もおしゃれ
色を変えるとカラフル

画用紙で

ドアを開ければこんにちは

動く！

二つ折りにした紙に切り込みを入れる

ちょっと大きめの台紙に張る
(色変えするときれい)

二つ折りにして
ドアの絵を描く

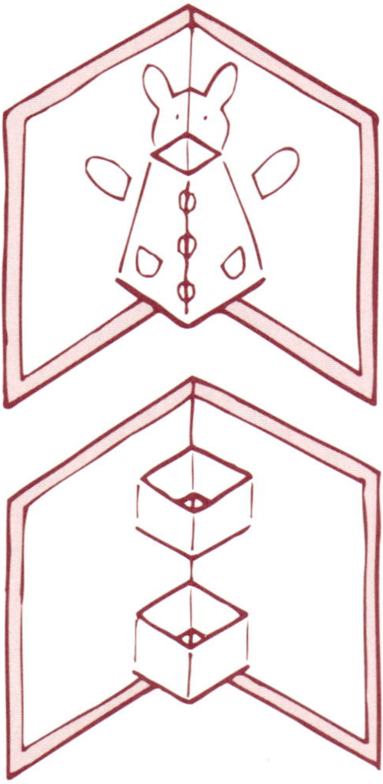

こんな「模様」を
飛び出させても
おもしろい

このドアは何だろう？
わあ！

画用紙で

カールな紙

パーツに!

細く切る

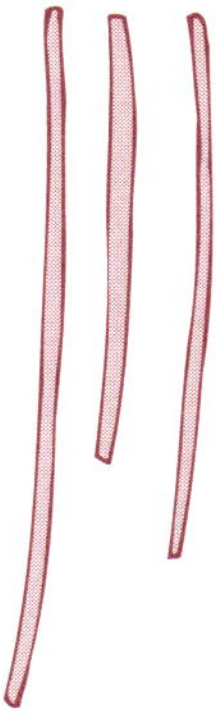

長さは
ばらばらに

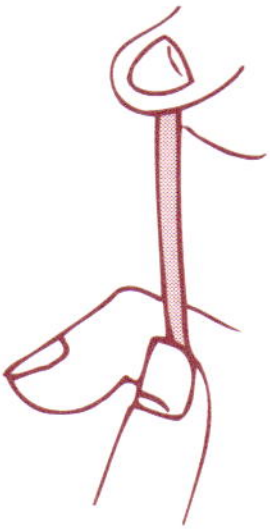

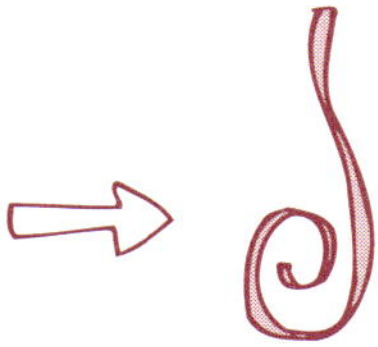

親指のツメで
クセをつける

何本かまとめて

色紙で

小さなぽんぽん

パーツに!

細い紙をよじる

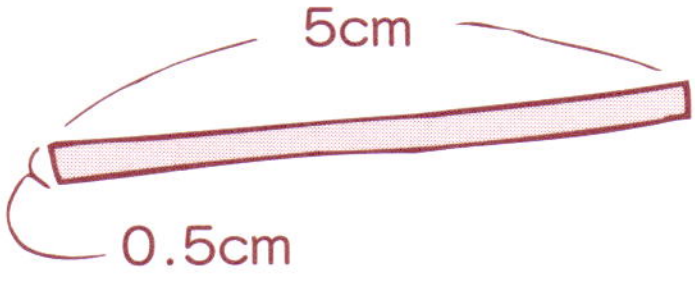

両端からクルクルよじる
こまかくいっぱい

よじれたまま
丸まって
小さいぽんぽん
になる

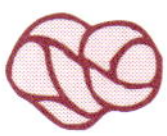

両端をノリでくっつける

いくつもつくって
散らして張りつけると
雪や水玉に

紙コップで

なんでもドア

台座に！

コップの下の部分を切り抜く

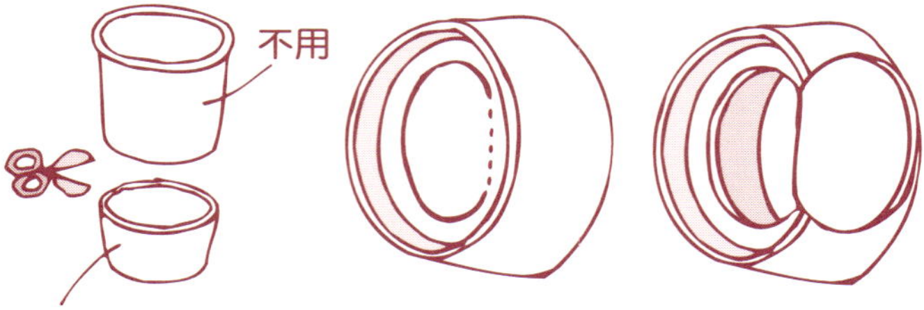

紙コップの底を
利用

1カ所残して
切り抜く

ドアになる

バリエーション　四角いドア

空箱の底の部分を使っても

紙コップで
窓付ロケット

キャラクターに！

たて半分に切る

たて半分に切る
紙コップ

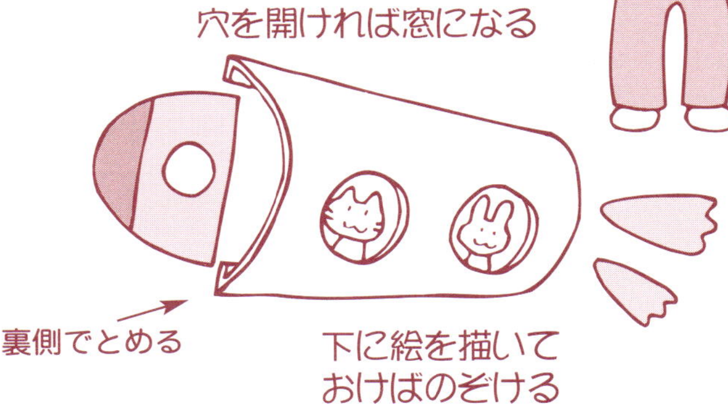
穴を開ければ窓になる
裏側でとめる
下に絵を描いて
おけばのぞける

透明でも
模様つきでも！

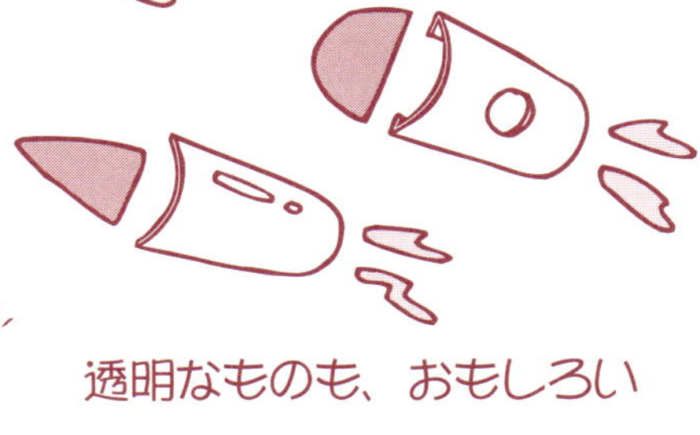
透明なものも、おもしろい

著者紹介

●

後藤《ごとう》阿澄《あずみ》

1975年　長崎県生まれ

現在

文化女子大学グラフィック・プロダクト研究室勤務

著書

『壁面ポップ＆イラストBOOK』カラーコーディネート

（いかだ社）

イラスト（あいうえお順）

●

亜沙美

山本あき子

吉田朋子

写真●新井 貴

編集●中小路 寛

ブックデザイン●渡辺美知子デザイン室

すぐできる！クイック壁面工作アイデアBOOK

2004年3月12日　第1刷発行

著者●後藤阿澄©
発行人●新沼光太郎
発行所●株式会社いかだ社
〒102-0072 東京都千代田区飯田橋2-4-10 加島ビル
TEL 03-3234-5365　FAX 03-3234-5308
振替・00130-2-572993
印刷・製本　株式会社ミツワ

乱丁・落丁の場合はお取り換えいたします。
ISBN4-87051-146-0

●いかだ社の本

科学で遊ぼ おもしろ実験ランド クイズQ&A70
江川多喜雄編著　A5判200ページ 定価（本体1800円+税）

科学で遊ぼ 台所は実験室 ふしぎなことがよ～くわかる14章
江川多喜雄編著　A5判144ページ 定価（本体1800円+税）

人体のふしぎ 子どものなぜ?に答える科学の本
江川多喜雄編著　A5判152ページ 定価（本体1800円+税）

校庭の科学 生きもの観察ランド 四季の草花・虫 さがしてみよう 調べてみよう
江川多喜雄・関口敏雄編著　A5判152ページ 定価（本体1800円+税）

まるごと科学工作 走る! 光る! 動く! ふしぎがいっぱい
江川多喜雄編著　A5判96ページ 定価（本体1300円+税）

これだけは教えたい 理科 新学習指導要領から削除された［教科書にない］重要内容とは
江川多喜雄編著　A5判128ページ 定価（本体1600円+税）

これだけは教えたい 算数 新学習指導要領から削除された［教科書にない］重要内容とは
和田常雄編著　A5判128ページ 定価（本体1600円+税）

算数わくわく楽習（がくしゅう）ランド クイズ&遊び&ゲーム70
和田常雄編著　A5判176ページ 定価（本体1800円+税）

壁面ポップ&イラストBOOK 教室で役立つカラーコーディネート満載!
桜木恵美イラスト・後藤阿澄カラーコーディネート　B5判96ページ 定価（本体1800円+税）

壁面おり紙 スペシャルBOOK キュートなおり紙でつくる教室飾り
山口 真著　B5判96ページ 定価（本体1800円+税）

らくらく天井飾り スペシャルBOOK 教室空間を彩るコーディネート12カ月
堀田直子編著　B5判96ページ 定価（本体1800円+税）

室内遊び・ゲーム ワンダーランド いつだって楽しめちゃうベスト92
木村 研編著　A5判176ページ 定価（本体1800円+税）

まるごと小学校運動会BOOK 子どもがよろこぶ楽しい種目がいっぱい!
黒井信隆編著　A5判192ページ 定価（本体1800円+税）

体育遊び・ゲーム ワンダーランドPART.1／PART.2
黒井信隆編著　A5判192ページ（PART.1）／152ページ（PART.2） 定価各（本体1800円+税）

障害児の遊び・ゲーム ワンダーランド 校庭・室内、どこでも楽しい体育遊びベスト87
竹内 進編著　A5判196ページ 定価（本体1800円+税）

人間オーケストラ 体は楽器だ! 『千と千尋の神隠し』を演奏しよう
髙橋寛・田中ふみ子編著　B5判96ページ 定価（本体1500円+税）

スーパースクール手品 子どもと楽しむマジック12カ月
奥田靖二編著　B5判96ページ 定価（本体1400円+税）

スーパー紙とんぼ ワンダーランド 指とんぼからジャンボとんぼまでベスト28
鎌形武久編著　B5判96ページ 定価（本体1500円+税）

つくって楽しいスーパー紙ブーメラン ワンダーランド 手軽にできてクルクルよく飛ぶ!
山口 理編著　B5判88ページ 定価（本体1500円+税）

動物が飛ぶ! 怪獣・ロボットが行く! **スーパーおり紙ヒコーキ** おもしろキャラクター16機
戸田拓夫著　B5判96ページ 定価（本体1400円+税）

おり紙ヒコーキ ワンダーランド やさしくおれてよく飛ぶ19機
戸田拓夫著　A5判100ページ 定価（本体1300円+税）

おり紙たこ&カイト ワンダーランド かんたん! よくあがる! ベスト26
土岐幹男編著　B5判96ページ 定価（本体1500円+税）